회 개

토마스 왓슨 지음 ▪ 이 기 양 옮김

기독교문서선교회

기독교문서선교회(Christian Literature Crusade: 약칭 CLC)는
1941년 영국 콜체스터에서 켄 아담스에 의해 시작되었으며
국제 본부는 영국의 쉐필드에 있습니다.
현재 약 650여명의 선교사들이 59개 나라에서 180개의 본부를 두고,
이동도서차량 40대를 이용하여 문서 보급에 힘쓰고 있으며
이메일 주문을 통해 130여국으로 책을 공급하고 있습니다.
CLC는 청교도적 복음주의 신학과 신앙을 선포하는
국제적, 초교파적, 비영리 문서선교기관으로서, 하나님의 뜻에 합당한 책을 만들고
이 책을 통해 단 한 영혼이라도 구원되길 소망하며
이를 위해 주님이 오시는 그날까지 최선을 다할 것입니다.

Repentance

by
Thomas Watson

translated by
Kee-Yang Lee

Copyright © 1991
by Christian Literature Crusade
Seoul, Korea

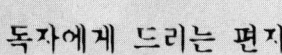

독자에게 드리는 편지

| 크리스천 독자들에게 |

오늘날 성도에게 절대적으로 필요한 두 가지 큰 은혜가 있다면 그것은 바로 믿음과 회개입니다. 이 둘은 성도가 하늘나라로 날아가는 데 필요한 두 날개입니다. 믿음과 회개는 에너지와 수분이 우리의 육신을 보전함과 같이 영적 생활을 보전합니다. 내가 여기서 논의하고자 하는 은혜는 회개입니다.

크리소스톰은 알카디우스 황제에게는 회개에 대한 설교가 가장 적절할 것이라고 생각했습니다. 어거스틴(가장 위대한 교부들 중의 한 사람으로 430년에 사망, 왓슨은 그를 어거스틴이라 부름-역주)은 침상에 누웠을 때 시편 속의 회개의 글들을 자기 눈 앞에 펼쳐두고 눈물을 흘리며 그것들을 음미하곤 하였습니다. 회개는 결코 시기를 놓치는 법이 없으며, 화가의 붓이나 군인의 무기처럼 무시로 사용됩니다.

나는 그동안 설교에서 회개에 대한 글들을 소홀히 생각했습니다. 그러나 지금은 그것들이 굉장히 중요하다는 것을 깨닫고, 나의 처음 생각을 철회하였으며 그 생각들을 비판적인 시각에 노출시켰습니다.

크리소스톰은 "회개는 죄를 정화시켜 줍니다. 이 알약의 작용을 두려워 마십시오. 당신의 영혼을 치시오. 당신의 영혼을 치시오"라고 말했습니다. 그렇게 자신의 영혼을 침으로써 사망을 모면하게 될 것입니다. 혹시 우리가 더욱 깊이 죄로 감염되어 있다면, 그래서 우리의 눈이 회개의 세계에 잠긴다면 얼마나 행복하겠습니까? 우리는 하나님의 성령이 회개의 물 속에서 운동하시는 것을 똑똑히 볼 수 있을 것입니다. 물론 이것은 괴로운 일이긴 하지만 순결한 것입니다. 흥건한 눈물은 죄를 말라붙게 하고 하나님의 진노를 누그러뜨립니다. 회개하는 자는 경건을 간직하는 자요, 자비를 확보하는 자입니다. 우리가 처음 회심할 때 영적인 뉘우침과 괴로움을 더 많이 맛볼수록 그 후로는 그만큼 덜 뉘우치고 괴로움을 덜 느끼게 될 것입니다.

그리스도인들이여! 당신들은 다른 일들에 대해서는 비분강개하면서도 죄에 대해서는 왜 딴청을 부립니까? 세상적인 눈물은 땅에 떨어지지만 경건한 눈물은 병에 담겨집니다(시 56:8). 거룩한 눈물을 부질없다 판단하지 마십시오. 터툴리안은 자기가 태어난 것은 회개하는 것 외에 다른 아무 목적도 없다고 생각했습니다. 죄가 익사해야 하느냐 아니면 영혼이 불타야 하느냐 하는 것입니다. 행여 회개가 어려운 것이라 말하지 마십시오. 훌륭한 일들은 수고할 가치가 있습니다. 땀 흘리는 일이라 하여 금광에서 금을 캐는 일을 마다하겠습니까? 어렵게 하늘나라에 가는 것이 쉽게 지옥에 가는 것보다 더 낫습니다. 지옥 정죄를 받은 자가 무엇을 주고 하나님께서 자기에게 사자를 보내사 자기의 회개에 대해 긍휼을 선포하시게 하겠습니까? 얼마나 탄식하고 신음해야 하늘나라까지 상달하겠습니까? 아무리 많은 눈물로 홍수를 이룬다 해도 때는 이미 늦은 것입니다. 그들은 자비를 얻어내느니 차라리 자기들의 어리석음을 한탄할 눈물을 아껴둘 지도 모릅니다. 그러므로 우리가 현세에 있는 동안 하나님과 화평을 이루면 얼마나 좋겠습니까! 우리는 당장 내일 죽음을 맞이할 수도 있습니다. 그러므로 오늘로 우리의 회개하는 날이 되게 하십시오. 어떻게 하면 우리는 자기들의 영혼을 괴롭게 하면서 자기들의 육욕을 희생시켰던, 그리고 흰 옷을 바라고 베옷을 입었던 옛 성도들을 본받겠습니까? 베드로는 눈물로 스스로 세례를 받았으며, 저 경건한 파울라 부인(제롬이 그녀에 대해 적고 있음)은 극락조처럼 죄를 슬퍼하며 스스로 겸비하였습니다.

우리 자신의 개인적인 실책과 이 땅의 통탄스런 상태가 우리의 눈물을 요구합니다. 우리는 옛날의 명성과 명망을 많이 잃어버리진 않았습니까? 물론 우리도 열방 중에 공주로서 앉아 있었던(애 1:1), 그리고 하나님이 다른 열국의 곡식단으로 우리 곡식단을 향해 절하게 하셨던(창 37:7) 때가 있었건만, 우리의 영광은 새처럼 날아가 버리지 않았습니까(호 9:11)? 그리고 그 무슨 혹독한 운명이 아직도 뒤따르고 있는지 우리는 알 수 없습니다. 우리의 어둡고 추악한 독기가 올라가면 요란한 우레 소리가 뒤따를까 우리는 두려운 지도 모릅니다. 그러면 이 모든 것이 우리에게 제 정신이 들게 하고 우리 속에 겸비의 영을 일깨우지 않겠습니까? 바람이 하늘 사방에서 불어오고 있을 때 우리는 돛대 위에서 잠자고 있겠습니까? 아! 네 눈동자로 쉬게 하지 말지어다(애 2:18).

나는 처음의 의도에서 이 이상 더 나서지 않겠습니다. 다만 하나님께서 이 저술에 축복을 더하시고 이 화살을 바로 향하게 하셔서 비록 무턱대고 쏘았지만 이것이 표적을 맞추게 하옵시며, 그로 인해 얼마간의 죄가 맞아 죽게 하옵소서 하는 것이 나의 열렬한 기도가 될 것입니다.

♣ 당신의 영혼의 행복을 비는 자
토마스 왓슨
1668.5.2

목차 CONTENTS

저자서문 • 5

제1장 성령과 회개 • 11

제2장 거짓 회개 • 17

제3장 참다운 회개의 성격 I • 21

제4장 참다운 회개의 성격 II • 52

제5장 회개를 강력히 주장하는 이유들 • 82

제6장 회개를 촉구하는 엄숙한 권고 • 89

제7장 회개의 강력한 동기들 • 108

제8장 신속한 회개를 권고함 • 123

제9장 회개의 시험 기준과 참회자가 얻는 위로 • 134

제10장 회개의 장애물 제거하기 • 144

제11장 회개를 위한 방법적 처방 I • 156

제12장 회개를 위한 방법적 처방 II • 176

토마스 왓슨
회개

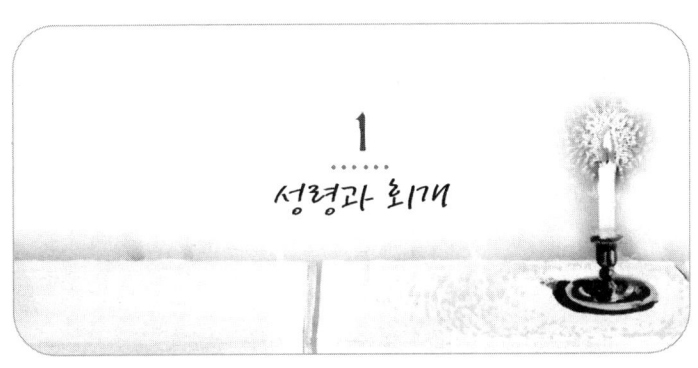

1
성령과 회개

사도 바울은 더둘로에게서 "우리가 보니 이 사람은 염병이라 천하에 퍼진 유대인을 다 소요케 하는 자요"(행 24:5)라는 선동죄로 거짓되이 고소를 당하였는데, 사도행전 26장에서 그는 베스도와 아그립바 왕 앞에서 자기 자신에 관한 변호를 하고 있다.

바울은 자기가 웅변가임을 보여준다. 먼저 그는 왕에게 몸짓으로 호소했는데, 웅변가들의 관습이 그렇듯이 자기 손을 저으며 말했다. 또한 그의 연설 양식을 보면 "아그립바 왕이여 유대인이 모든 송사하는 일을 오늘 당신 앞에서 변명하게 된 것을 다행히 여기옵나이다"(행 26:2)라고 하였다.

그리고 나서 바울은 3가지 일을 논하는데, 아그립바 왕을 거의 회심시키다시피 했을 만큼 깊이 있는 수사학적 말투로 한다.

첫째로 그는 자기의 회심 전의 생활양식에 관해 말하기를, "내가 우리 종교의 가장 엄한 파를 좇아 바리새인의 생활을 하였다"(5절)

라고 하였다. 그는 자신이 거듭나기 전에는 전통에 열심을 내었으며, 그의 거짓된 열심의 불이 어찌나 뜨거웠던지 자기 앞에 방해거리가 되는 모든 사람을 태울 정도여서 "많은 성도를 옥에 가두며"(10절)라고 하였다.

둘째로 그는 자기의 회심의 양식에 관해 말하기를 "길에서 보니 하늘로서 해보다 더 밝은 빛이"(13절) 있었다고 하였다. 이 빛은 다름이 아니라 바로 그리스도의 영광 받으신 몸으로부터 비추어진 것이었다. 그가 소리를 들으니 히브리 방언으로 이르되 "사울아 사울아 네가 어찌하여 나를 핍박하느냐"라고 하였다. 몸에는 상처를 입으시면서, 머리는 하늘나라에 두신 채 외치셨던 것이다. 이 빛과 목소리에 압도된 바울은 땅에 엎드러졌다. "내가 대답하되 주여 뉘시니이까 주께서 가라사대 나는 네가 핍박하는 예수라"(14-15절). 바울은 이제 자기 자신에게서 벗어났다. 스스로 의롭다 하는 모든 신념은 사라졌고 그는 자기의 하늘나라에 대한 소망을 그리스도의 의로우심의 원줄기에 접목시키게 되었다.

셋째로 그는 회심 후 자신의 생활양식에 관해 말한다. 전에 박해자였던 그가 이제는 전도자가 되었다. "일어나 네 발로 서라 내가 네게 나타난 것은 곧 네가 나를 본 일과 장차 내가 네게 나타날 일에 너로 사환과 증인을 삼으려 함이니"(16절). 이 '택한 그릇' 바울이 구원의 역사하심을 받았을 때 그는 이전에 해를 끼진 것만큼 선을 행하는 데 열심을 다하였다. 그는 전에는 성도들을 핍박하여 죽이는 일을 하였으나 이제는 죄인들에게 전도하여 그들을 살리는 일을 하게 되었다. 하나님은 처음에 그를 다메섹에 있는 유대인들에게 보내셨고 그 후에는 그의 사명을 확장시켜 이방인들에게까지 전도하게 하셨다. 그 때 그가 전도한 제목은 "회개하고 하나님께로 돌아가서 회개에 합당한 일을 행하라"(20절)고 선전하는 것이었다. 이 얼마나 무게 있고 탁월한 주제인가!

나는 믿음이 먼저냐 회개가 먼저냐 우선순위를 놓고 논쟁하지는 않을 것이다. 의심할 나위 없이 회개는 먼저 그리스도인의 생활 속에 나타난다. 그렇지만 나는 믿음의 씨가 마음속에 먼저 역사하는 것이라고 믿는 편이다. 불타는 양초를 방 안에 들여올 때 빛이 먼저 나타나지만 양초가 빛보다 먼저 있었던 것처럼, 우리가 회개의 열매를 먼저 볼지라도 믿음의 시작은 그 전에 있었던 것이다.

이처럼 믿음이 회개 전에 마음속에 씨눈으로 있다고 생각하고 싶은 이유는 회개는 은혜이므로 살아 있는 사람에 의해 발휘되어야 하기 때문이다. 그런데 믿음으로 말미암지 않고 어떻게 영혼이 살겠는가? "의인은 믿음으로 말미암아 살리라"(히 10:38)고 하였다. 그러므로 참회자의 마음속에는 먼저 얼마간의 믿음의 씨가 있어야 하며, 그렇지 않다면 이는 죽은 회개이고 따라서 아무 가치도 없는 것이다.

그러나 믿음이 먼저건 회개가 먼저건 회개는 너무나 중차대하기 때문에 회개 없이는 구원받을 수 없다고 나는 확신한다. 바울은 파선당했을 때 널빤지와 깨어진 배 조각에 의지하여 해안까지 헤엄쳐 갔다(행 27:44). 아담 안에서 우리는 모두 파선을 당했는데 회개는 파선당한 후에 하늘나라로 헤엄쳐 가도록 우리에게 남겨진 유일한 널빤지이다.

엄숙히 회개하고 하나님께로 돌아가는 것이 그리스도인에게 지워져 있는 중요한 의무이기에, "회개하라 천국이 가까웠느니라"(마 3:2)고 하였고 "그러므로 너희가 회개하고 돌이켜 너희 죄 없이함을 받으라"(행 3:19)고 하였다. 또 "너희 이 악함을 회개하고"(행 8:22)라고 하였다.

증인들의 입에서 이 진리는 확증되고 있다. 회개는 토대 역할을 하는 은혜이기에, "회개함과…교훈의 터를 다시 닦지 말고"(히 6:1-2)라고 하였다. 이 토대 위에 구축되어 있지 않는 종교는 반드시 땅에 무너지고 만다.

회개는 복음 아래서 요구되는 은혜이다. 어떤 이들은 회개를 율법적인 것으로 생각하지만, 그리스도께서 설교하신 첫 설교는, 아니 그의 설교의 첫 마디는 '회개'(마 4:17)였다. 그리고 그가 승천하실 때에 남겨놓으신 고별사는 "그의 이름으로…회개가…전파될 것이"(눅 24:47)라는 것이었다. 사도들은 모두 한결같이 다음과 같은 말을 되풀이하여 주장하였다. "제자들이 나가서 회개하라 전파하고"(막 6:12).

회개는 순수한 복음적 은혜이다. 행위의 언약은 아무런 회개도 용납하지 않았고, 거기서는 죄를 지으면 죽는다는 것이었다. 회개는 복음에 의해 들어왔다. 그리스도께서 자기의 피로 매입하신 것은 회개하는 죄인들은 구원받을 것이라는 것이다. 율법은 인격적인, 완전한 그리고 항구적인 복종을 요구한다. 율법은 이에 미치지 못했던 모든 사람을 저주하였기에, "누구든지 율법책에 기록된 대로 온갖 일을 항상 행하지 아니하는 자는 저주 아래 있는 자라 하였음이라"(갈 3:10)고 하였다. 온갖 일을 행하지 않는 자는 "회개할지어다"라고 말씀하지 않고 "저주받을지어다"라고 말씀하는 것이다. 이와 같이 회개는 오직 복음에 의해서만 빛을 보게 된 교리이다.

그러면 회개는 어떻게 해서 이루어지는가?

첫째, 부분적으로는 말씀에 의해 이루어진다. "저희가 이 말을 듣고 마음에 찔려"(행 2:37)라고 하였다. 설교한 말씀은 회개를 달성하려고 하나님이 사용하시는 기구이다. 이것은 망치와 불에 비유되었는데(렘 23:29), 하나는 마음을 부스러뜨리는 것이고 또 하나는 마음을 녹이는 것이다. 그러한 효능을 가진 말씀을 분배받는다는 것이 얼마나 큰 축복인가! 그리고 하늘나라의 빛을 꺼버린 사람들은 얼마나 지옥을 피하기가 어렵다는 것을 발견할까!

둘째, 성령에 의해 이루어진다. 성직자들은 피리와 풍금에 지나지 않는다. 그들의 말씀을 효과 있게 만드는 것은 그들 속에서 호흡하시는 성령이니, "베드로가 이 말 할 때에 성령이 말씀 듣는 모든 사람에게 내려오시니"(행 10:44)라고 하였다. 성령은 말씀 안에서 조명하시고 회심시키신다. 성령께서 마음을 감동시키실 때 마음은 눈물로 녹는 것이기에, "내가 다윗의 집과 예루살렘 거민에게 은총과 간구하는 심령을 부어주리니 그들이 그 찌른 바 그를 바라보고 그를 위하여 애통하기를"(슥 12:10)이라고 하였다. 말씀이 얼마나 다양한 효과를 사람들에게 끼치는가 생각해 보면 놀랍다. 어떤 사람들은 설교 때 요나와 같아서, 그들의 마음이 연해져 눈물을 흘리게 된다. 어떤 사람들은 귀머거리라 음악에 감동받지 못하듯 설교에 감동받지 못한다. 어떤 사람들은 말씀에 의해 더욱 선해지고 어떤 사람들은 더욱 악해진다. 포도에 단맛을 들게 하는 동일한 흙이 쑥에는 쓴맛을 들게 하는 것처럼 말씀이 한 사람의 양심에는 감동을 주지만 다른 사람의 양심에는 감동을 주지 않기 때문이다. 한 사람은 하나님의 기름부으심을 받았고 다른 사람은 받지 못했다(요일 2:20). 아아, 이슬이 만나와 함께 내리도록, 성령께서 말씀과 함께 동행 동사하시도록 기도하라. 율법의 병거가 있어도 하나님의 성령이 이 병거에 가담하지 않으시면 이것이 우리를 하늘나라로 데려가지 못할 것이다(행 8:29).

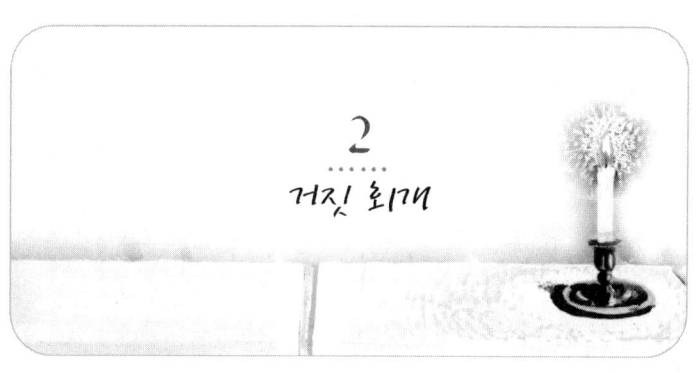

2
거짓 회개

  무엇이 참 회개인지 발견하기 위하여 나는 먼저 무엇이 거짓 회개인지 알아보겠다. "회개는 많은 사람을 정죄한다"라고 한 어거스틴의 말을 떠오르게 하는 회개의 몇 가지 속임수가 있다. 이는 거짓 회개를 가리켜 한 말인데, 사람은 거짓 회개로 자기를 속일 수 있다는 것이다.

1. 회개의 속임수는 율법적인 공포이다.

  한 사람이 오랫동안 죄 가운데 지내왔다. 마침내 하나님은 그를 붙잡아 그가 얼마나 자포자기적인 위험한 짓을 감행해 왔는지를 보여주신다. 그래서 그는 고뇌로 가득 차게 된다. 얼마 안 가서 양심의 폭풍은 멎고 그는 평온해진다. 그러면 그는 얼마간 죄의 쓰라림을 느꼈기 때문에 자기는 참다운 참회자라고 결론을 내린다. 그러나 속지 말라! 이것은 회개가 아니다. 아합과 유다도 얼마간 마음의 괴로움을 겪었었다. 겁에 질린 죄인이 된다는 것과 회개하는 죄인이 된다는 것은 전혀 별개의 문제. 죄책감은 두려움을 낳지만, 은혜의 주입은 회개를 낳는다. 만일 회개가 고통과 괴로움으로써 충분하다면, 지옥에서 저주받은 자가 가장 많이 고통을 당하니까 가장 많이 참회하는 자일 것이다. 하지만 회개는 마음의 변화 나름에 좌우된다. 공포는 있으면서도 마음의 변화는 없을 수가 있는 것이다.

2. 회개의 속임수는 죄를 안 짓겠다는 결심이다.

사람은 결심을 하고 맹세를 하면서도 참회자가 아닐 수 있다. "말하기를 나는 순복지 아니하리라"(렘 2:20)고 하였는데 여기에서 보면 결심은 있으나 다음 구절을 보면, "모든 푸른 나무 아래서 몸을 굽혀 행음하도다"라고 하였다. 자기의 엄숙한 약혼 서약에도 불구하고 그녀는 하나님을 우롱하고 그녀의 우상을 향하여 달려갔던 것이다. 사람이 병상에 있을 때 혹시 하나님이 자기를 회복시켜 주실까 하여 얼마나 확언을 잘 하는지 우리는 경험으로 알지만, 그는 예전과 똑같이 악하다. 그는 새로운 유혹 가운데서 옛날의 마음을 보여준다.

죄를 안 짓겠다는 결심이 일어나는 경우로 첫째, 현재의 곤경 때문일 때가 있다. 죄가 죄스럽기 때문이 아니라 죄가 고통스럽기 때문이다. 이런 결심은 사라져 버릴 것이다. 둘째, 미래의 불행 때문일 경우이다. 즉 죽음과 지옥에 대한 불안 때문이다. "내가 보매 청황색 말이 나오는데 그 탄 자의 이름은 사망이니 음부가 그 뒤를 따르더라"(계 6:8)고 하였다. 죄인이 반드시 죽어서 심판대 앞에 부득이 서지 않을 수 없음을 알 때, 그가 무슨 짓인들 아니하겠으며 무슨 맹세인들 하지 않겠는가? 자기 사랑은 병상의 맹세를 지어내고, 죄의 사랑이 이것을 압도해 버릴 것이다. 성급한 결심을 신뢰하지 말라! 이것은 폭풍 가운데 일어나서 고요 가운데 소멸할 것이다.

3. 회개의 속임수는 어다한 죄의 길에서 떠나는 것이다.

나는 죄를 떠난다는 것이 위대한 일이라는 것을 인정한다. 죄가 사람에게 너무나 사랑스럽기 때문에 그는 육욕을 포기하기보다는 차라리 자식을 포기하려들 것이다. 그래서 "내 영혼의 죄를 인하여 내 몸의 열매를 드릴까"(미 6:7)라고 하였다. 죄는 포기할 수 있겠지만 회개함이 없이 그리 할 수도 있는 것이다.

사람은 어떤 죄들을 포기하면서도 다른 죄들을 간직하고 있을 수 있다. 마치 헤롯이 많은 잘못된 일들을 개선했으면서도 자기의 근친상간 죄에서는 떠나지 못했던 것과 같다.

또한 옛 하인을 버리고 새 하인을 맞아들이듯, 새 죄를 맞아들이기 위하여 옛 죄를 떠날 수도 있다. 이것은 죄를 교환하는 것이다.

죄는 교환될 수 있고 마음은 변함없이 남아 있을 수 있다. 젊어서 방탕자였던 자가 늙어서 고리대금업자로 변한다. 한 노예가 유대인에게 팔리면, 그 유대인은 그 노예를 터키인에게 판다. 여기서 주인은 바뀌었지만 노예는 여전히 노예이다. 이와 같이 사람은 한 악행에서 다른 악행으로 옮겨가지만 여전히 죄인으로 남아 있는 것이다.

또 은혜의 능력 때문이라기보다는 타산이라는 이유로 죄에서 떠날 수도 있다. 사람은 그런 죄가 비록 자기의 쾌락에는 도움이 되겠지만 자기의 이익에는 도움이 되지 못함을 볼 줄 안다. 죄가 자기의 신망을 흐리게 하고, 자기의 건강을 해치고, 자기의 재산을 축낼 것이다. 그러므로 타산적인 이유로 해서 그는 죄를 배격하는 것이다.

참다운 죄에서의 떠남은 은혜의 원리가 주입됨으로써 죄의 행동이 그칠 때이다. 마치 빛이 주입됨으로 인해 공간이 어둡기를 그치는 것처럼 말이다.

3
참다운 회개의 성격 I

본 장에서는 복음적인 회개란 어떤 것인가를 알아보겠다. 회개는 하나님의 성령의 은혜이며, 회개로 인하여 죄인이 내면적으로 겸손해지고 가시적으로 개혁되는 것이다. 한층 더 상술한다면 회개란 다음과 같은 6가지 특수 성분으로 구성된 영적인 내복약으로 알면 된다.

1. 죄의 발견
2. 죄의 슬픔
3. 죄의 고백
4. 죄의 부끄러움
5. 죄를 미워함
6. 죄에서 돌이킴

이 중 하나라도 빠진다면 회개는 효력을 잃어버리게 된다.

* 성분1: 죄의 발견

그리스도의 약의 처음 부분은 안약이다(행 26:18). 이것은 탕자의 회개에서 언급된 중요 사항인데 "이에 스스로 돌이켜"(he came to himself, 눅 15:17)라고 하였다. 그는 자신이 죄인이요, 죄인 외에 아무 것도 아님을 발견하였다. 사람이 그리스도에게로 올 수 있기 전에 먼저 자기 자신에게로 돌아와야 한다. 솔로몬은 회개를 서술함에 있어 이것을 첫 번째 성분으로 생각하여 "저희가…스스로 깨닫고"(왕상 8:47)라고 하였다. 사람은 먼저 자기 죄가 무엇인지 깨닫고 깊이 생각해야 하며, 죄로 인해 적절히 겸손해질 수 있기 전에 그의 마음의 역병을 알아야 한다. 하나님이 지으신 첫 번째 피조물은 빛이었다. 이와 같이 참회자에게 있어 첫 번째 일은 조명이기에, "이제는 주 안에서 빛이라"(엡 5:8)라고 하였다. 눈은 보는 것과 우는 것 양쪽을 위해서 지음 받았다. 죄는 슬퍼하게 되기 전에 먼저되어야 한다.

그러므로 나는 추론하기를 죄의 발견이 없는 곳에는 아무 회개도 있을 수 없다는 것이다. 다른 사람에게서 허물을 탐지할 수 있는 많은 사람들이 자기 자신에게서는 아무 죄도 발견하지 못한다. 그들은 좋은 마음씨를 가지고 있다고 외친다. 두 사람이 함께 살며, 함께 먹고 마시며, 그러면서도 서로를 모른다는 것이 이상하지 않은가? 그런 것이 바로 죄인의 경우다. 그의 몸과 영혼은 함께 살며, 함께 일하는데도 그는 자기 자신과 안면이 없는 것이다. 그는 자기 자신의 마음도, 그 어떤 지옥을 자기 손에 지니고 다니는지도 알지 못한다. 베일로 가리면 불구의 얼굴이 숨겨진다. 사람들은 무지와 자아 사랑의 베일로 가리어져 있어서 자기들이 얼마나 불구가 된 영혼을 지니고 있는지 보지 못한다. 마귀가 그들을 다루기를 매 조련사가 매를 다루듯 한다. 마귀는 그들의 눈을 가리고 두건으로 덮은 채 지옥으로 데려가는 것이다. "칼이 우편 눈에 임하리니"(슥 11:17). 사람들은 세상적인 문제에는 충분한 식견을 가지고 있으면서도 정작 마음의 눈은 찔렸다. 그들은 죄 가운데 아무 악도 보지 못하니, 칼이 그들의 오른편 눈에 임한 것이다.

* 성분 2: 죄의 슬픔

"내 죄를 슬퍼함이니이다"(시 38:18)

암브로시우스는 슬픔을 영혼의 쓰라림이라고 이름 짓는다. 히브리어 단어 '슬픔에 잠기다'(to be sorrowful)는 말하자면 '영혼을 십자가에 못박히게 하다'(to have the soul, as it were, crucified)란 의미이다. 이것이야말로 참으로 회개하는 마음임에 틀림없다. 즉 "그들이 그 찌른 바 그를 바라보고 그를 위하여 애통하기를"(슥 12:10)이라고 하였는데, 마치 십자가의 못이 자기들의 옆구리에 박혀 있는 듯 느끼는 것이다. 사람이 슬픔 없는 회개를 할 수 있기보다는 차라리 여인이 산고 없이 아기 낳기를 기대하는 것이 더 나을 것이다. 의심하지 않고 믿을 수 있는 이는 자기의 믿음을 의심하고, 슬퍼하지 않고 회개할 수 있는 이는 자기의 회개를 의심한다.

순교자들은 그리스도 때문에 피를 흘리며 참회자들은 죄 때문에 눈물을 흘리니, "그 발 곁에 서서 울며"(눅 7:38)라고 하였다. 이 증류기(액체를 정제하기 위한 옛날의 증류 장치)가 어떻게 물방울을 떨어뜨리는지 보라. 그녀의 마음의 슬픔이 그녀의 눈에서 흘러나왔던 것이다. 제사장이 씻는 데 쓰는 놋으로 만든 물통(출 30:18)은 이중의 물통을 예표하였다. 즉 우리가 믿음으로 씻는 데 쓰는 그리스도의 피의 물통과 우리가 회개로 씻는 데 쓰는 눈물의 물통이다. 참다운 참회자는 자기의 마음을 슬피 우는 마음가짐으로 전환시키려고 애쓴다. 그는 울 수 있을 때 하나님을 찬송하니, 그가 곤궁한 때를 기뻐하는 것은 이것이 회개할 아무 이유가 없는 회개인 줄 알기 때문이다. 비록 슬픔의 빵이 입에는 쓰지만 그래도 이것이 마음을 강하게 한다(시 104:15; 고후 7:12).

이런 죄에 대한 슬픔은 피상적이 아니라 거룩한 고뇌이다. 성경에서는 이것을 마음을 상하게 하는 것이라 하여 "하나님의 구하시는 제사는 상한 심령이라"(시 51:17)고 하였으며, 또 마음을 찢는 것이라 하여 "너희는 옷을 찢지 말고 마음을 찢고"(욜 2:13)라고 하였다. 볼기를 친다든가(렘 31:19), 가슴을 친다든가(눅 18:13), 굵은 베를 입는다든가(사 22:12), 머리털을 뜯는다든가(스 9:3) 하는 이 모든 것들은 내면적인 슬픔의 외면적인 표현에 지나지 않는다. 이 슬픔은 그리스도를 존귀케 한다. 아아, 괴로운 영혼에게 구세주는 얼마나 소망스러운가! 이때 비로소 그리스도가 참으로 그리스도이시고, 궁휼이 참으로 긍휼인 것이다. 마음이 양심의 가책으로 충만하기 전에는 그 마음이 그리스도에게 합당하지 못하다. 상처입어 피를 흘리는 사람에게 의사는 얼마나 반가운가!

또한 슬픔은 죄를 몰아낸다. 죄는 슬픔을 낳고, 슬픔은 죄를 죽인다. 거룩한 슬픔은 나쁜 심정을 씻어내는 세제이다. 포도나무 가지가 흘리는 진액은 문둥병을 고치는 데 좋다는 말이 있다. 확실히 참회자에게서 떨어지는 눈물은 죄라는 문둥병을 고치는 데 좋다. 눈물의 짠 소금물은 양심의 벌레를 죽인다.

그리고 슬픔은 알찬 위로의 길을 열어준다. "눈물을 흘리며 씨를 뿌리는 자는 기쁨으로 거두리로다"(시 126:5)라고 하였다. 참회자는 눈물 젖은 파종기를 거쳐서 즐겁고 즐거운 수확기를 맞이한다. 회개는 죄의 종양을 째버리는 것이므로 영혼이 편안해진다. 한나는 울며 기도하고 난 후 가서 다시는 슬픈 기색이 없었다고 하였다(삼상 1:18). 하나님이 죄로 인하여 영혼을 괴롭게 하시는 것은 마치 천사가 연못의 물을 동하게 하여(요 5:4) 병 고칠 길을 열어준 것과 같다.

그러나 모든 슬픔이 다 참다운 회개의 증거가 되는 것은 아니다. 참 슬픔과 거짓 슬픔 사이의 차이는 샘에서 나는 단물과 바다에 있는 짠물 사이의 차이만큼이나 크다. 사도는 "하나님의 뜻대로"(고후 7:9) 근심하는 것에 대해 말씀한다. 그러나 이런 하나님의 뜻대로 하는 슬픔은 무엇인가? 이것에는 다음과 같은 6가지 조건들이 있다.

1. 경건한 슬픔은 내면적이다.

이것은 두 가지 면에서 내면적이다.

첫째, 마음의 슬픔이다. 위선자들의 슬픔은 그들의 얼굴에만 나타나 있어 "얼굴을 흉하게 하느니라"(마 6:16)고 하였다. 그들은 찡그린 얼굴을 하지만 그들의 슬픔이 이 이상 더 가지 못하는 것은 마치 이슬이 나뭇잎을 축이지만 나무뿌리까지 스며들지 못하는 것과 같다. 아합의 회개는 겉모양뿐이었다. 그는 옷은 찢었지만 그의 심령은 찢지 않았다(왕상 21:27). 경건한 슬픔은 내출혈을 하는 혈관처럼 깊이가 있다. 마음은 죄 때문에 피를 흘리니, "저희가 이 말을 듣고 마음에 찔려"(행 2:37)라고 하였다. 죄지을 때 마음이 주역을 담당하는 것처럼 슬퍼할 때도 그래야 마땅하다.

둘째, 마음의 죄, 즉 죄의 처음 발생과 및 용솟음에 대한 슬픔이다. 바울은 자기의 지체 속에 있는 법 때문에 한탄하였다(롬 7:23). 참다운 애통자는 교만과 욕정이 일어나는 것 때문에 슬퍼한다. 그는 설사 '쓴 뿌리'가 행동으로 꽃피우지 않더라도 이 쓴 뿌리 때문에 한탄한다. 악한 사람은 망신스런 죄 때문에 괴로워할 수도 있겠지만 참다운 회심자는 마음의 죄를 통탄한다.

2. 경건한 슬픔은 솔직하다.

이것은 형벌에 대한 슬픔이라기보다 범죄에 대한 슬픔이다. 하나님의 법이 침해당했으며 그의 사랑이 악용당한 것이다. 이것이 영혼을 눈물로 녹인다. 사람이 애석해면서도 회개하지 않을 수 있는 것은 마치 도둑이 잡혔을 때 도둑질한 것을 뉘우쳐서가 아니라 벌을 받아야 하기 때문에 애석해하는 것과 같다. 위선자들은 오직 죄의 쓰라린 결과 때문에만 슬퍼한다.

나는 기근이 있기 전의 저녁에만 물을 내는 샘물에 대해서 읽어 본 적이 있다. 이와 마찬가지로 그들의 눈은 하나님의 심판이 가까이 올 때를 제외하고는 결코 눈물을 쏟아내지 않는다. 바로는 자기의 죄보다도 개구리와 피의 강물 때문에 더 괴로워하였다. 그러나 하나님의 뜻대로 하는 슬픔은 주로 하나님께 범한 죄과 때문이며, 따라서 설사 가책하는 양심이 없다 할지라도, 고발할 마귀가 없다 할지라도, 형벌할 지옥이 없다 할지라도 영혼은 하나님께 끼친 피해 때문에 여전히 탄식할 것이다. "내 죄가 항상 내 앞에 있나이다"(시 51:3)라고 하였는데, 다윗은 "위협적인 칼이 항상 내 앞에 있나이다"라고 하지 않고 "내 죄"가 그렇다고 말한다. 아아, 내가 그토록 선하신 하나님을 거스르다니, 내가 나의 위로자를 슬프시게 하다니! 이것이 내 마음을 상하게 하는구나!

경건한 슬픔이 솔직하다는 것은 그리스도인은 자기가 지옥의 사정권 밖에 있어 결코 정죄받지 않을 줄 알더라도 자기를 용서해 준 저 값없는 은혜를 거슬러 죄짓는 것에 대해 여전히 한탄하기 때문이다.

3. 경건한 슬픔은 신뢰심이 두텁다.

이것은 믿음과 혼합되어 있으며, 이는 "그 아이의 아비가 소리를 질러 가로되 내가 믿나이다"(막 9:24)라고 함과 같다. 여기 죄에 대한 슬픔이 믿음과 섞인 것은, 마치 물을 머금은 구름 속에 찬란한 무지개가 나타나는 것을 본 경험과 같은 것이다.

믿음의 도르래가 마음을 끌어 올리지 않는다면 영적인 슬픔이 그 마음을 침몰시킬 것이다. 우리의 죄가 항상 우리 앞에 있듯이 하나님의 약속도 항상 우리 앞에 있어야 한다. 우리는 찔리는 아픔을 많이 느낄 때 우리의 놋뱀되시는 그리스도를 바라보아야 한다. 어떤 이들은 세상적인 슬픔으로 얼굴이 너무나 부어올라 자기 눈으로 밖을 거의 내다보지 못한다. 믿음의 눈을 멀게 하는 그런 슬픔은 좋지 못하다. 만일 영혼 속에 믿음의 새벽이 다소나마 없다면 이것은 비하의 슬픔이 아니라 절망의 슬픔이 된다.

4. 경건한 슬픔은 대단한 슬픔이다.

"그 날에 예루살렘에 큰 애통이 있으리니 므깃도 골짜기 하다드림몬에 있던 애통과 같을 것이라"(슥 12:11)고 하였다. 요시야가 죽던 그 날에는 두 개의 태양이 졌으며, 그래서 대대적인 장례식과 애통이 있었다. 그런 정도로 죄에 대한 슬픔은 끓어올라야 한다. 가장 깊은 마음속으로부터의 탄식이어야 한다.

- **질문1** 모든 사람이 다 같은 정도의 슬픔을 가지는가?
- **대답** 아니다. 슬픔은 더 많은 경우도 있고 더 적은 경우도 있다. 새로 태어날 때 모든 사람이 다 고통을 겪지만, 어떤 이들은 다른 이들보다 더 심한 고통을 겪는다.

어떤 이들은 선천적으로 더 사나운 성향에다 더 도도한 기질을 가져 쉽사리 굽히지 않는다. 이런 사람들은 마치 매듭투성이의 목재에 더 큰 쐐기를 박아 넣어야 되는 것처럼 더 큰 굴욕을 당해야 한다.

어떤 이들은 더 흉악한 범죄자들이며, 따라서 그들의 슬픔은 그들의 죄에 걸맞아야 한다. 어떤 환자들은 바늘로 종기를 따내고, 또 어떤 환자들은 수술 칼로 도려낸다. 극악무도한 죄인들은 율법의 망치로 더 많이 멍들도록 맞아야 한다.

어떤 이들은 더 고귀한 봉사를 위해 탁월하게 하나님께 쓰이도록 예정되고 마련되었으며, 그래서 이들은 더 막대한 비하의 사역을 감수해야 한다. 하나님께서 자기의 교회의 기둥으로 삼고자 작정하신 이들은 더 많이 잘라져야 한다. 사도들의 제 일인자 바울은 주님의 이름을 이방인들과 왕들 앞에 전할 하나님의 기수가 될 사람으로서 자기의 마음을 회개의 칼로 더 깊이 절개당해야 했었다.

- **질문2** 그러나 죄에 대한 슬픔은 통틀어 얼마나 커야 하는가?
- **대답** 이것은 그 어떤 세상적인 손실에 대한 것 못지않게 커야 한

다. 눈이 울음으로써 부어오른다. "그들이 그 찌른 바 그를 바라보고 그를 위하여 애통하기를 독자를 위하여 애통하듯 하며"(슥 12:10)라고 하였다. 죄에 대한 슬픔은 세상적인 슬픔을 능가하여야 한다. 우리는 소중한 친척을 잃음보다도 하나님을 거스름으로 인해 더 많이 비탄에 잠겨야 한다. "그 날에 주 만군의 여호와께서 명하사 통곡하며 애호하며 머리털을 뜯으며 굵은 베를 띠라 하셨거늘"(사 22:12)이라고 하였는데, 이는 죄 때문이었다. 그러면서도 하나님은 죽은 자의 장례식 때 눈물과 대머리되는 것을 금하시는 것을 볼 수 있는데, 이는 죄로 인한 슬픔이 장지의 슬픔을 능가해야 함을 암시하는 것이다. 그리고 이것이 당연함은 죽은 자의 장례에서는 떠나가는 자가 오직 친구뿐이지만 죄에서는 하나님이 떠나가시기 때문이다.

죄로 인한 슬픔은 모든 다른 슬픔을 삼켜버릴 정도로 크다고 보아야 하며, 이는 마치 결석병의 고통과 통풍의 고통이 마주칠 때 결석병의 고통이 통풍의 고통을 삼켜버리는 것과 같다.

우리는 죄를 지으면서 항상 맛보았던 달콤함과 같은 분량의 쓰라림을 죄로 인해 울면서 맛보아야 한다. 분명 다윗은 전에 밧세바에게서 누렸던 위로보다 더 많은 쓰라림을 회개할 때 맛보았다.

우리의 죄로 인한 슬픔은 최대한의 이윤 취득이나 즐거움을 가져다주었던 저 죄들마저 우리가 기꺼이 저버리는 정도라야 한다.

약(藥)은 우리의 병을 깨끗이 씻어줄 때 충분히 효력 있음을 증명한다. 마찬가지로 그리스도인은 죄의 사랑이 깨끗이 씻어질 때 충분한 슬픔의 분량에 도달하였음을 나타내는 것이다.

5. 경건한 슬픔은 어떤 경우 배상과 결부되어 있다.

누구든지 불공정한 사기 거래로 남에게 재산상의 손해를 끼친 사람은 양심적으로 당사자들에게 보상해야 한다. 이에 대해서는 명문화된 율법도 있어 "그 죄 값을 온전히 갚되 오분지 일을 더하여 그가 죄를 얻었던 그 본주에게 돌려줄 것이요"(민 5:7)라고 하였다. 이와 같이 삭개오도 배상하였으며, "만일 뉘 것을 토색한 일이 있으면 사 배나 갚겠나이다"(눅 19:8)라고 하였다. 저 유명한 터키인 셀리무스가 임종 때 일이다. 곁에 있던 피푸르스가 페르시아의 상인들에게서 부당하게 빼앗은 재물을 자선사업에나 쓰라고 재촉하자, 그는 차라리 그것을 정당한 소유주들에게 돌려보내라고 명령하였다. 그리스도인의 신조가 터키인의 코란보다 더 나아야 하지 않겠는가? 사람이 임종 때가 되어 자기의 영혼을 하나님에게, 그리고 부당하게 취득했던 재산을 자기 친구들에게 유언으로 물려주는 것은 불길한 조짐이다. 하나님이 그의 영혼을 받으시리라고는 생각할 수 없다. 어거스틴은 "배상이 없이는 용서가 없다"라고 말하였다. 그리고 라티머옹은 자신의 연설에서, "너희가 만일 부당하게 얻은 재산을 돌려주지 않는다면 너희는 지옥에서 기침하여 토해낼 것이다"라고 하였다.

- **질문1** 한 사람이 다른 사람의 재산에 손해를 끼쳤는데 그 손해당한 사람이 죽었다 하자. 그는 어떻게 해야 하는가?
- **대답** 그는 그의 부당하게 취득한 재산을 그 사람의 상속인들과 후계자들에게 되돌려 주도록 하라. 만일 그 중에 아무도 생존해 있는 사람이 없다면 하나님께 반환하도록 하라. 즉 그는 자기의 부당 이득을 가난한 자를 구제함으로써 하나님의 금고에 헌납해야 할 것이다.

- **질문2** 부당행위를 한 당사자가 죽었으면 어떻게 하나?
- **대답** 그렇다면 그의 상속자들 되는 사람들이 배상을 해야 한다. 내 말을 유의하라. 만일 자기들에게 남겨진 재산을 가진 사람들이 있는데 그 재산을 남겨준 당사자들이 남을 속여 빼앗은 적이 있어 그런 죄책을 자기들에게 남기고 죽은 줄 알 것 같으면, 그 재산을 소유하고 있는 상속인들이나 집행자들은 양심적으로 배상해 줄 임무가 있다. 그렇지 않을 경우 그들은 자기들 가족에게 하나님의 저주를 자초하는 것이다.

- **질문3** 만일 사람이 다른 사람에게 손해를 끼쳤는데 반환할 힘이 다하면 어떻게 해야 하는가?
- **대답** 그는 하나님 앞에 자기 자신을 철저하게 비하시키고, 만일 주님이 자기에게 힘을 주신다면 그 손해당한 당사자에게 완전히

변상하겠다고 약속해야 할 것이며, 그러면 하나님은 그 실천 의지를 받으실 것이다.

6. 경건한 슬픔은 영속적이다.

충족시키는 것은 걱정 가운데 흘리는 몇 방울의 눈물이 아니다. 어떤 이들은 설교 때 쓰러져 울 것이지만 이것은 4월의 소나기 같아 곧 끝나며, 또는 터졌다가 이내 다시 멈추는 혈관과 같다. 참다운 슬픔은 계속적이라야 한다. 아아, 그리스도인이여! 당신의 영혼의 병은 만성적이기 때문에 빈번히 당신에게로 되돌아온다. 그러므로 당신은 끊임없이 자기 자신을 회개의 약물로 치료하여야 한다. 이것이 바로 '하나님의 뜻대로 하는 슬픔'인 것이다.

> **적용** 이런 경건한 슬픔을 전혀 가지지 않았던 자들은 하나님과는 얼마나 거리가 먼가!

그러한 자들은 첫째, 로마 가톨릭교도들이다. 그들은 회개의 알맹이를 빼버리고, 모든 참회 행위를 그 속에 영적인 슬픔이란 하나도 들어 있지 않은 금식, 고행, 성지순례에 두려고 한다. 그들은 자기들의 몸에 고통을 가하지만 그들의 마음은 찢어지지 않았다. 이것이 회개의 시체가 아니고 무엇인가?

둘째, 육신적인 개신교도들이다. 이들은 경건한 슬픔에 대해 문외한들이다. 그들은 심각한 생각을 견디어내지 못하며 죄에 대해 그들의 머리를 번거롭게 하기를 좋아하지도 않는다. 파라켈수스(16세기 스위스 의사)는 어떤 사람들을 춤추다 지쳐 죽게 만드는 광란에 관하여 말했다. 마찬가지로 죄인들은 환락 가운데 나날을 보내면서, 슬픔을 내던져버리고 지옥의 정죄를 받으러 춤추며 간다. 어떤 이들은 많은 세월을 살아왔는데, 그러면서도 하나님의 병(bottle)에 단 한 방울의 눈물도 담아보지 못하고 상한 심령이 무엇을 의미하는지 알지도 못한다. 그들은 재산이 없어지면 마치 파멸이나 당한 듯 울며 두 손을 쥐어짜지만 죄로 인해서는 영혼의 아무런 고뇌도 느끼지 않는다.

슬픔에는 이중적인 슬픔이 있다. 첫째로 이성적인 슬픔인데, 이것은 죄에 대한 혐오감을 가지고 있어 죄를 용납하느니 차라리 무슨 고통이라도 택하는 영혼의 행위이다. 둘째로 감성적인 슬픔인데, 이것은 많은 눈물로 표현된다. 이들 중 첫 번째 것은 모든 하나님의 자녀에게서 발견되지만, 두 번째 것은 모든 사람이 다 가지지 못한다. 그렇긴 하나 우는 참회자를 보면 대단히 훌륭하다. 그리스도께서는 눈이 여린 사람들을 대단히 아름다운 자들로 여기시니, 죄가 우리를 울게 만드는 것은 당연한 것이다. 우리는 보통 어떤 중대한 이익을 잃음으로써 울지만, 죄로 인해 우리는 하나님의 은총을 잃어버렸다. 거짓 신을 빼앗긴 미가조차 "나의 지은 신들과 제사장을 취하여 갔으니 내게 오히려 있는 것이 무엇이냐"(삿 18:24)라고 하면서 그토록 울었을진대 우리에게서 참 하나님을 빼앗아간 우리의 죄로 인해 운다는 것은 너무나 당연하다.

어떤 이들은 우리의 회개와 슬픔이 늘 한결같아야 하느냐고 물을지 모른다. 비록 회개는 영혼 속에 항상 살아 있어야 하지만, 그래도 우리가 비상한 방식으로 회개를 새롭게 해야 할 두 가지 특별한 때가 있다.

첫째는 주의 만찬을 받기 전이다. 이 영적인 유월절은 쓴 나물을 곁들여 먹어야 한다. 이제 우리의 눈은 새로 눈물의 마개를 따내야 하며, 그래서 슬픔의 강물이 흘러 넘쳐야 한다. 회개하는 마음가짐은 성찬식의 마음가짐이다. 상한 마음과 상한 그리스도는 잘 일치한다. 우리가 죄의 쓴맛을 더 많이 맛볼수록 그만큼 더 많은 단맛을 그리스도 안에서 맛보게 될 것이다. 야곱은 울다가 하나님을 발견하였다. "그러므로 야곱이 그곳 이름을 브니엘이라 하였으니 그가 이르기를 내가 하나님과 대면하여 보았으나 내 생명이 보전되었다 함이더라"(창 32:30).

성찬식에서 마음 편히 그리스도를 발견할 수 있는 길은 울면서 성찬식에 임하는 것이다. 그리스도께서는 도마에게 하시듯 겸손한 참회자에게 말씀하시기를 "네 손을 내밀어 내 옆구리에 넣어 보라"(요 20:27)고 하시며, 나의 피흐르는 상처로 너를 치료하도록 하라고 하실 것이다.

두 번째 비상한 회개의 또 다른 시기는 죽을 때이다. 이 때는 우는 시기가 되어야 마땅하다. 이제는 우리의 마지막 사역이 하늘나라를 위해 이루어져야 하며 우리 눈물의 최상급 포도주가 그런 때를 대비하여 간직되어 있어야 한다. 우리가 그토록 많이 죄를 지었고 그토록 적게 울었다는 것, 하나님의 돈자루가 그토록 가득 차 있었고 그의 눈물병이 그토록 비어 있었다는 것(욥 14:17)을 이제는 회개해야 하는 것이다. 우리가 더 일찍감치 회개하지 않았다는 것, 우리 마음의 수비대가 회개에 의해 평정되기 전까지 그토록 오래 하나님을 대망해 버텨냈다는 것을 이제는 회개해야 한다. 우리가 그리스도를 더 많이 사랑하지 못했었다는 것, 우리가 그에게서 더 많은 미덕을 받아다가 더 많은 영광을 그에게 드리지 못했었다는 것을 이제는 회개해야 한다. 우리의 생애가 그토록 많은 공백과 오점을 지니고 있었다는 것, 우리의 직무는 그토록 죄의 구더기가 들끓었다는 것, 그리고 우리의 순종은 그토록 불완전했으며, 우리가 하나님의 길에서 그토록 절름발이였다는 것이 임종의 침상에서 우리의 비탄이 되어야 한다. 영혼이 몸에서 빠져나갈 때 이것은 눈물의 바다를 헤엄쳐 하늘나라로 가야 할 것이다.

* 성분 3: 죄의 고백

슬픔은 너무나 격렬한 감정인고로 돌파구를 갖게 마련이다. 이것은 울음에 의해 눈에서, 그리고 고백에 의해 혀에서 표출된다. "자기의 죄와 열조의 허물을 자복하고"(느 9:2)라고 하였다. 또 "내가 내 곳으로 돌아가서 저희가 그 죄를 뉘우치고 내 얼굴을 구하기까지"(호 5:15)라고 하였는데, 이 말씀은 성난 엄마가 아이에게서 멀리 떠나가 아이가 자기 허물을 인정하고 용서를 빌 때까지 얼굴을 숨기고 있는 것을 암시하는 은유의 말씀이다. 그레고리 나지안젠은 고백을 가리켜 '상한 영혼을 고치는 연고'라고 하였다.

고백은 자기 고발이다. 다윗은 "나는 범죄하였고"(삼하 24:17)라고 하며 자신을 고발하였다. 하지만 인간 세계에서는 그러한 경우를 보기 어렵다. 즉 다른 사람들이 고발하지 않으면 누구도 자기 자신을 고발하지 않는 것이다. 고발자를 보고 싶어 하지 않고서는 자기 자신을 고발하게 되어 있지 않은 것이다. 그러나 우리는 하나님 앞에 갈 때 우리 자신을 고발해야 한다. 오 주여, 나의 나됨을 스스로 만든 자 나이오니, 나의 무쇠 같은 마음을 고치소서(*me me adsum qui feci in me convertite ferrum*). 사실 우리는 사탄의 고발을 이런 자기 고발로 방지하게 된다. 죄의 고백 가운데 우리는 교만, 불신앙, 정욕에 대해 우리 자신을 책망한다. 바로 그때 형제들의 고발자'라 불리우는 사탄이 이런 것들을 우리의 죄로 떠넘길 것이다. 하지만 하나님께서 말씀하시기를, 그들은 이미 자기 자신들을 고발하였다. 그러므로 사탄아, 네 소송은 각하되었다. 너의 고발은 너무 늦게 신청되었다고 하실 것이다. 더 나아가 겸손한 죄인은 자기 자신을 고발하는 것 이상의 일을 한다. 그는 말하자면 재판석에 앉아 자기 자신에게 판결을 내리는 것이다. 그는 하나님의 진노를 받겠다고 서약해 마땅했음을 고백한다. 사도 바울이 말한 것을 들어보라. "우리가 우리를 살폈으면 판단을 받지 아니하려니와"(고전 11:31).

그러나 유다와 사울 같은 악한 사람들도 죄를 고백하지 않았는가? 그러나 그들의 고백은 참다운 고백이 아니었다. 죄의 고백이 올바르고 진실하기 위해서 다음 8가지 조건들이 필수적이다.

1. 자발적 고백이어야 한다.

죄에 대한 고백은 샘에서 물이 나오듯 자유롭게 나와야 한다. 악한 자의 고백은 못 견디게 괴로운 사람의 실토처럼 억지 고백이다. 하나님의 진노의 불꽃이 그들의 양심 속에 날아들거나 또는 그들이 죽음을 두려워하게 될 때, 그들은 자백하기 시작할 것이다. 발람은 천사의 빼든 칼을 보고서야 "내가 범죄하였나이다"(민 22:34)라고 말할 수 있었다. 그렇지만 참다운 고백은 몰약이 향나무에서 떨어지듯 또는 꿀이 벌집에서 떨어지듯 입술에서 자유롭게 떨어진다. 탕자는 "내가 하늘과 아버지께 죄를 얻었사오니"(눅 15:18)라고 하여 아버지가 자기에게 죄를 정하기 전에 먼저 자기 죄를 고백하였다.

2. 양심의 가책으로 고백해야 한다.

마음으로부터 깊이 죄를 분개해야 한다. 자연인의 고백은 물이 파이프를 통해 흐르듯 사람을 통해 지나갈 뿐이며 사람을 조금도 감동시키지 못한다. 그러나 참다운 고백은 사람에게 상한 심령의 감동을 남겨 놓는다.

다윗의 영혼은 자기 죄를 고백할 때 무거운 짐에 눌려서 "무거운 짐 같으니 감당할 수 없나이다"(시 38:4)라고 하였다. 죄를 고백한다는 것과 죄를 느낀다는 것은 전혀 별개의 문제다.

3. 충심에서 우러나온 고백이어야 한다.

우리의 마음이 우리의 고백과 동행해야 한다. 위선자는 죄를 고백하면서도 그 죄를 사랑한다. 마치 도둑이 물건 훔친 것을 고백하면서도 도둑질을 좋아하는 것과 같다. 얼마나 많은 사람이 교만과 탐욕을 자기들 입술로는 고백하면서도 혀 밑에서 그 죄를 단 꿀 빨듯 하는가! 어거스틴은 회심 전에는 죄를 고백하고 죄를 이길 능력을 간구하면서도 그의 마음은 내면으로부터 "아직 아닙니다, 주여"라고 속삭였다고 말했다. 그는 자기 죄를 너무 속히 떠나는 것이 두려웠던 것이다. 좋은 그리스도인은 보다 정직하며, 그의 마음은 그의 혀와 보조를 맞춘다. 그는 자기가 고백하는 죄를 깨닫고 있으며 또 자기가 깨달은 죄를 혐오한다.

4. 죄를 상세히 열거하는 고백이어야 한다.

악한 사람은 자기가 일반적으로 죄인인 점을 인정한다. 그는 도매금으로 자신의 죄를 고백하는 것이다. 하지만 그러한 고백은 느부갓네살의 꿈을 많이 닮아 "내가 꿈을 꾸고"(단 2:3)라고는 하는데,

정작 그것이 무엇이었는지는 몰라 "내가 명령을 내쳤나니"(단 2:5)라고만 한다. 마찬가지로 악한 사람은 "주여, 내가 죄를 지었나이다"라고 말하지만 그 죄가 무엇인지 알지 못하며 기억해 내지도 못하는 반면, 참다운 회심자는 자기의 세부적인 죄를 시인한다. 부상당한 사람이 외과의사에게 와서 자기의 모든 상처를 보여주며, "여기 머리를 다쳤습니다. 여기 팔에 총을 맞았습니다"라고 말하는 것처럼, 애통하는 죄인은 자기 영혼의 이상 증세를 몇 가지 고백하는 것이다.

이스라엘은 자기 자신들에 대한 세부적인 고발장을 작성하여 "우리가 우리 하나님을 버리고 바알들을 섬김으로 주께 범죄하였나이다"(삿 10:10)라고 하였다. 선지자는 죄로 인해 저주를 초래한 바로 그 죄를 열거하여 "우리가 또 주의 종 선지자들이 주의 이름으로 우리의 열왕과 우리의 방백과 열조와 온 국민에게 말씀한 것을 듣지 아니하였나이다"(단 9:6)라고 하였다. 부지런히 우리 마음속을 검사해 보면 탐닉해 있는 어떤 특정 죄를 발견할지도 모르니, 눈물로 그 죄를 꼬집어 아뢰어야 한다.

5. 근원적인 죄를 고백해야 한다.

그는 자기 성품의 오염을 시인한다. 우리의 성품의 죄는 선의 박탈일 뿐 아니라 악의 주입이기도 하다. 이것은 철의 부식 또는 법복에 있는 얼룩과도 같다. 다윗은 자기의 타고난 죄를 시인하며 말하기를 "내가 죄악 중에 출생하였음이여 모친이 죄 중에 나를 잉태하였나이다"(시 51:5)라고 하였다. 우리는 대개 처음 짓게 되는 많은 죄들을 사탄의 유혹 때문이라고 하며 책임을 회피하곤 하지만, 우리의 이런 죄의 성품은 전적으로 우리 자신에게서 비롯되는 것이며 이것을 사탄에게 전가시킬 수 없다. 우리는 내면적으로 쓸개와 쑥이 맺히는 뿌리를 가지고 있다(신 29:18). 우리의 성품은 모든 악의 나락과 온상이며, 여기로부터 세상에 만연하는 비리들이 나오는 것이다. 이것이 바로 우리의 거룩한 일들에 해독을 끼치는 성품의 부패이며, 이것이 바로 하나님의 심판을 자초하고 태어날 때부터 긍휼을 입게 만드는 것이다. 아아, 죄를 근원에서부터 고백하라!

6. 죄는 그 모든 전후사정이 가중죄와 함께 고백되어야 한다.

복음의 범위 안에서 범해진 저들 죄들은 틀림없이 속속들이 염색되어 있다. 지식을 거슬러, 은혜를 거슬러, 맹세를 거슬러, 경험들을 거슬러, 심판을 거슬러 지은 죄들을 고백하라. "하나님이 저희를 대하여 노를 발하사 저희 중 살진 자를 죽이시며 이스라엘의 청년을 쳐 엎드러뜨리셨도다 그럴지라도 저희가 오히려 범죄하여"(시 78:31-32)라고 하였다. 이런 것들은 우리의 죄를 심화시키고 강화시키는 치명적인 가중죄들이다.

7. 죄를 고백할 때 자신을 고발함이 하나님께는 변호가 되도록 해야 한다.

주님의 섭리가 혹독하고 주께서 피 묻은 칼을 뽑으신다 하더라도, 우리는 그에게 혐의가 없다고 해야 되고 그가 우리에게 부당 대우를 하지 않으셨다고 인정해야 된다. 느헤미야는 자기 죄를 고백할 때 하나님의 의로우심을 변호하여 말하기를 "그러나 우리의 당한 모든 일에 주는 공의로우시니"(느 9:33)라고 하였다. 마우리티우스(로마의 황제, 포카스가 그 다음의 황제가 됨)는 자기 아내가 자기 눈앞에서 포카스에게 살해당하는 것을 보고 부르짖기를 "오 주여, 당신은 당신의 모든 길에 의로우십니다"라고 하였다.

8. 그런 죄들을 다시는 되풀이하지 않겠다는 결심을 가지고 죄를 고백해야 한다.

죄를 고백하는 것과 죄를 범하는 것 사이를 왔다 갔다 하는 것은, 마치 페르시아인들이 일년 중 하루는 뱀들을 죽이고 그날 이후에는 다시 뱀들이 우글거리도록 내버려두는 것과 같다. 이와 같이 많은 사람이 자백할 때에는 자기들의 죄를 죽이는 것 같다가도 그 후에는 죄가 여느 때보다 더 급속히 자라나도록 놔두는 것이다. "악행을 그치고"(사 1:16)라고 하였다. "우리가 행하지 말았어야 할 일들을 행하였나이다"라고 고백하고서는 여전히 계속 그렇게 행하는 것은 아무 소용이 없다. 바로도 자기가 범죄하였노라고 고백하였지만(출 9:27), 천둥이 그치자 다시 자기의 죄에 빠졌다. "다시 범죄하여 마음을 완강케 하니"(출 9:34). 오리겐(초기 그리스 교부 중 한 사람으로 254년에 사망)은 자백을 가리켜 양심이 자기를 누르는 짐으로부터 벗어나게 되는 영혼의 구토(嘔吐)라고 말한다. 그릴진대 우리는 자백으로 죄를 토해버리고 난 후에는 이 토한 것에 되돌아가지 말아야 한다. 자기의 반역죄를 고백하고 나서 새로운 반역죄를 저지르는 사람을 어떤 왕이 용서하겠는가?

> **적용1** 고백은 회개의 필수적인 성분인가? 여기에 4가지 부류의 인간들에 대한 고발장이 있다.

첫째, 라헬이 자기 아버지의 신상을 자기 밑에 숨겼던 것처럼 자기들의 죄를 숨기는 자들에 대한 고발이다(창 31:34). 많은 사람이 자기들의 죄를 고침 받기보다는 차라리 감추고 싶어 한다. 그들은 자기들의 죄를 자기들의 초상화 취급하듯 하여, 그 위에 커튼을 드리운다. 또는 어떤 사람들이 자기들의 사생아들에게 하듯 묵살해 버린다. 그러나 비록 사람들은 아무 말도 고백하지 않으려 하여도 하나님은 보시는 눈이 있어 그들의 반역을 폭로하실 것이다. "내가 너를 책망하여 네 죄를 네 목전에 차례로 베풀리라"(시 50:21). 사람들이 자기들 마음속에 숨기는 저들 죄악들은 어느 날엔가는 금강석 철필 끝으로 쓰듯 그들의 이마에 쓰일 것이다. 다윗처럼 자기의 죄를 고백하여 용서받으려 하지 않는 자들은, 아간처럼 자기들의 죄를 고백함으로써 돌에 맞아 죽을 것이다. 마귀의 조언을 지키는 것은 위험한 일이다. 성경은 "자기의 죄를 숨기는 자는 형통치 못하나"(잠 28:13)라고 하였다.

둘째, 죄를 과연 고백하긴 하나 어중간히게 하는 자들에 대한 고발이다. 그들은 모든 것을 고백하지 않는다. 즉 잔 죄들은 고백하지만 큰 죄들은 고백하지 않는다. 그들은 헛된 생각 또는 나쁜 기억을 고백하지만 성급한 분노, 강탈, 더러움 같은 가장 죄질이 큰 죄들은 고백하지 않는다. 마치 플루타크 영웅전에서 자기의 폐가 병들었고 간장이 썩었는데도 자기의 위가 그리 좋지 않다고 불평했던 사람과 같다. 그러나 만일 우리가 모든 것을 고백하지 않는다면 어떻게 모든 것을 하나님이 용서해 주시기를 기대하겠는가? 우리가 우리 죄를 일목요연하게 정확히 알 수는 없는 것이 사실이지만 우리의 시야와 인식 범위 안에 들어오는 죄들, 그리고 우리의 마음이 우리를 자책하는 죄들은 우리가 언제나 긍휼을 바라듯 고백해야 하는 것이다.

셋째, 자백할 때 죄를 완곡히 말하거나 경감시키는 자들에 대한 고발이다. 은혜로운 영혼은 자기의 죄를 될 수 있는 대로 악평하지만 위선자들은 자기의 죄를 될 수 있는 대로 선처한다. 그들은 자기들이 죄인임을 부인하지 않지만 그러면서도 그들은 자기들의 죄를 경감시킬 수 있는 짓은 다 한다. 즉 자기들은 가끔씩 범죄하긴 하지만, 이것은 그들의 천성이요 또 그런 경우들은 오래 되었나는 것이다. 이런 것들은 자백이라기보다 변명이다. 또한 사울은 "내가 범죄하였나이다 내가 여호와의 명령과 당신의 말씀을 어긴 것은 내가 백성을 두려워하여"(삼상 15:24)라고 하며 자기의 죄를 백성들에게 전가시킨다. 백성이 양과 소를 아끼기를 바랐다는 것이다. 이것은 변명이지 자기 고발이 아니다. 이것은 모든 인간의 피 속에 흐르고 있다. 아담은 금지된 열매를 먹었음을 시인하였지만 자기의 죄를 무겁게 하기는커녕 그 책임을 자신에게서 하나님께로 떠넘겨버려, "하나님이 주셔서 나와 함께 하게 하신 여자 그가 그 나무 실과를 내게 주므로 내가 먹었나이다"(창 3:12)라고 하였다. 다시 말하면 만일 자신이 이 유혹하는 여자를 거느리지 않았더라면 범과하지 않았을 것이라는 것이었다. 죄로 오염됨을 신들의 탓으로 돌리는 것(Inscripsere deos screleri- Ovid)이다. 그 따위는 용서의 여지가 없는 참으로 악질적인 죄이니, 마치 아무 염색도 받아들이지 않는 양털은 매우 조악한 양털임에 틀림없음과 같다. 얼마나 우리는 죄를 축소시키며 삭감시키기 쉬운지, 그래서 이것을 망원경의 작은 끝을 통해 바라보게 되고, 이것이 단지 "사람의 손만한 작은 구름"(왕상 18:44)이라 착각하는 것이다.

넷째, 죄를 고백하기는커녕 오히려 담대하게 변호하는 자들에 대한 고발이다. 죄를 애통하는 눈물을 흘리는 대신 그들은 이것을 변호하는 논리를 사용한다. 만일 그들의 죄가 격분일지라도 그들은 이것을 정당화하여 "내가 성내어 죽기까지 할지라도 합당하니이다"(욘 4:9)라고 할 것이다. 만일 그것이 탐욕일지라도 그들은 이것을 정당하다 주장할 것이다. 사람들이 죄를 범할 때 그들은 마귀의 종들이 되며, 사람들이 죄를 변호할 때 그들은 마귀의 변호인들이 되니 마귀는 그들에게 사례금을 줄 것이다.

> **적용 2** 우리는 진실한 죄의 고백으로 스스로 참회자임을 보여야 한다.

십자가 위의 강도는 자기 죄를 고백하기를 "우리는 우리의 행한 일이 상당한 보응을 받는 것이니"(눅 23:41)라고 하였다. 그리고 그리스도께서는 그에게 말씀하시기를 "오늘 네가 나와 함께 낙원에 있으리라"(눅 23:43)고 하셨다. 이 말씀은 죄의 고백은 지옥의 입구를 닫고 낙원의 문을 연다고 말한 어거스틴의 연설의 계기가 되었음직한 것이다. 우리는 자발적이고 숨김없는 죄의 고백을 하기 위해서 다음을 깊이 생각해 볼 필요가 있다.

첫째, 거룩한 고백은 하나님께 영광을 돌린다. "내 아들아 청하노라 이스라엘의 하나님 여호와께 영광을 돌려 그 앞에 자복하고"(수 7:19)라고 하였다. 겸손한 자백은 하나님을 높인다. 우리 자신의 입을 떠나서는 그가 우리를 정죄하시지 않는다는 것이 그에게 얼마나 큰 영광인가? 우리가 죄를 고백하는 동안 하나님의 참으심은 용서하심에서 극대화되고, 그의 값없는 은혜는 그런 죄인들을 구원하심에서 극대화되는 것이다.

둘째, 고백은 영혼을 겸비케 하는 수단이다. 자기 자신이 지옥에 합당한 죄인이라고 서명 동의하는 사람은 교만이 거의 내키지 않을 것이다. 제비꽃처럼 그는 겸손하게 자기의 머리를 숙일 것이다. 참다운 참회자는 자기가 하는 모든 일에는 죄가 섞이며, 따라서 아무것도 자랑할 것이 없다고 고백한다. 웃시야는 비록 왕이었지만 이마에 문둥병이 발하였으니, 그는 자기를 격하시킬 것을 잔뜩 가지고 있었다(대하 26:19). 이와 같이 하나님의 자녀는 선을 행할 때에라도 많은 악이 그 선 가운데 들어 있음을 시인한다. 이것이 그의 모든 교만의 깃털로 하여금 굴욕을 당하게 한다.

셋째, 고백은 괴로운 마음을 발산시킨다. 죄책이 양심 속에서 부글부글 끓고 있을 때 고백은 편안한 마음을 준다. 이것은 환자를 편안하게 해주는 종기 수술과 같다.

넷째, 고백은 죄를 씻어낸다. 어거스틴은 이것을 '악덕의 구축자'라고 불렀다. 죄는 나쁜 피이며, 자백은 그것을 빼내기 위해 혈관을 절개하는 것과 같다. 고백은 하수처리장과 같으며, 이를 통해 도시의 모든 오물이 운반되어 나갔다(느 3:13). 고백은 새는 구멍에서 펌프로 퍼내는 것과 같아, 퍼내지 않으면 우리를 익사시키는 그 죄를 밖으로 내보낸다. 자백은 영혼으로부터 얼룩을 씻어 없애는 가제 스펀지와 같다.

다섯째, 죄의 고백은 영혼으로 그리스도를 사랑하게 한다. 내가 만일 '나는 죄인이요'라고 말한다면 그리스도의 피가 얼마나 나에게 보배로울 것인가! 바울은 죄의 몸을 고백하고 나서 그리스도께 축하와 승리의 찬양을 올린다. "우리 주 예수 그리스도로 말미암아 하나님께 감사하리로다"(롬 7:25)라고 하였다. 만일 채무자가 판결된 채무를 고백하여도 채권자가 부채를 강제 징수하지 않고 그 대신 자기의 친아들을 지명하여 이것을 지불하게 한다면 채무자는 정말로 감사가 넘치지 않겠는가? 이와 같이 우리가 죄를 고백할 때, 설사 우리가 영원히 지옥에 가 있다고 해도 죄값을 지불할 수 없지만 하나님이 자기 친아들을 지명하셔서 우리 죄값을 지불하도록 그의 피를 희생하게 하시니, 이 얼마나 값없는 은혜가 칭송을 받으며 예수 그리스도께서 영원히 사랑받으시고 영광을 받으실 일인가!

여섯째, 죄의 고백은 용서의 길을 열어준다. 탕자가 자기 입으로 "내가 하늘과 아버지께 죄를 얻었사오니"라고 고백하며 돌아오자마자 그의 아버지는 그를 향한 마음이 누그러졌고 그에게 입을 맞추었다(눅 15:20). 다윗이 "내가 여호와께 죄를 범하였노라"고 말했을 때 선지자는 그에게 용서의 선물상자를 가져다주며 "여호와께서도 당신의 죄를 사하셨나니"(삼하 12:13)라고 하였다. 진심으로 죄를 고백하는 사람은 하나님의 용서 계약서를 받게 된다. "만일 우리가 우리 죄를 자백하면 저는 미쁘시고 의로우사 우리 죄를 사하시며"(요일 1:9)라고 함과 같다. 왜 사도는 만일 우리가 죄를 고백하면 그는 '자비하사'(merciful) 우리 죄를 사하신다고 말씀하지 않는가? 그럼에도 그가 정당하신 것은, 그런 자를 용서하신다는 약속으로 자기 자신을 속박하셨기 때문이다. 하나님의 진리와 공의는 그리스도께 대한 믿음으로 죄를 고백하면서 참회하는 마음을 가지고 나아오는 그 사람을 용서하신다고 약속한다.

일곱째, 우리가 죄를 고백해야 한다는 이 명령은 얼마나 합당하며 용이한가! 이것이 합당한 명령인 까닭은, 한 사람이 다른 사람에게 해를 끼쳤다면 그에게 해를 끼쳤다 고백하는 것보다 더 합리적인 것이 없기 때문이다. 죄를 지어 하나님께 해를 끼쳤으니 그 범죄를 고백해야 마땅하다는 것이 얼마나 이성에 필적하며 조화되는가! 이것은 용이한 명령이다. 처음 언약과 둘째 언약 사이에는 얼마나 엄청난 격차가 있는가! 처음 언약에서는 네가 만일 죄를 범하면 너는 죽는다는 것이었다. 둘째 언약에서는 만일 네가 죄를 고백하면 너는 긍휼을 얻으리라는 것이다. 처음 언약에서는 아무런 보증도 허락되지 않았지만, 은혜 언약 아래서는 만일 우리가 죄를 고백하기만 하면 그리스도께서 우리의 보증이 되실 것이다. 인간의 구원을 위해 겸손한 고백보다 더 신속하고 손쉬운 그 어떤 길을 생각할 수 있겠는가? "너는 오직 네 죄를 자복하라"(렘 3:13)고 하였다. 하나님은 우리에게 말씀하시기를 "나는 네 죄책을 속하기 위해 수양의 희생 제사를 요구하지 않으며, 네 영혼의 죄를 위해 네 몸의 열매를 버리라고 네게 명하지 아니하니 오직 네 죄를 자복하라"고 하신다. 오직 네 자신에 대한 고발장을 작성하고 죄상을 인정하라. 그러면 너는 반드시 긍휼을 입을 것이다.

이 모든 것은 회개의 의무를 친근감 있게 할 것이다. 고백으로 죄의 독을 던져 버려라. 그러면 "오늘 구원이 이 집에 이르렀으니"라는 말씀대로 이루어질 것이다.

그러면 이제 한 가지 양심의 문제가 남아 있는데, 우리는 우리의 죄를 사람들에게 고백해야 할 의무가 있는가? 로마 가톨릭교도들은 비밀 고해를 많이 역설하면서, 사람은 자기의 죄를 신부의 귀에다 고백해야 하며 그렇지 않으면 용서받을 수 없다고 한다. 여기서 그들은 "너희 죄를 서로 고하며"(약 5:16)라는 말씀을 내세우지만 이 말씀은 그 상황에 적절하지 못하다. 이 말씀은 교인들이 신부에게 고백하는 것과 마찬가지로 신부도 교인들에게 고백해야 한다는 것을 의미한다고 봄이 더 옳다. 비밀 고해는 교황의 황금 교리들 중의 하나이다. 복음서에 나오는 물고기처럼 이것은 그 입 속에 돈을 물고 있음이, "낚시를 던져 먼저 오르는 고기를 가져 입을 열면 돈 한 세겔을 얻을 것이니"(마 17:27)라고 함과 같다. 물론 나는 비록 가톨릭에서처럼 사람들에게 고백하는 것을 찬성하지는 않지만 다음의 3가지의 경우 사람들에게 고백하는 것도 필요하다고 생각한다.

첫째로 한 사람이 망신스러운 죄에 빠져 그로 인해 어떤 사람들에게는 범죄의 계기가 되었고 또 어떤 사람들에게는 타락의 계기가 된 경우, 그는 자기 죄에 대한 엄숙하고 공개적인 자인을 해야 되며 그래서 그의 회개가 그의 추문만큼이나 가시적이 되게끔 해야 한다(고후 2:4).

둘째로 사람이 하나님께 자기를 고백하였는데도 여전히 그의 양심이 부담이 되고 자기 마음이 전혀 편할 수가 없을 경우에, 자기에게 충고하고 경우에 합당한 한 마디를 할 수 있는 어떤 분별 있는 경건한 친구에게 자기의 죄를 고백하는 것이 매우 필요하다(약 5:16). 자기들 심중을 털어놓고 자기들 영혼의 아픈 곳과 괴로운 곳을 공개함에 있어 자기들의 목사들이나 다른 신령한 친구들에게 좀더 자유롭지 못하다는 것은 그리스도인들에게 있는 하나의 죄스러운 조심성이다. 만일 양심을 찌르는 가시가 있다면 이것을 뽑아주는 데 도움이 될 사람들을 이용하는 것이 타당하다.

셋째로 어떤 사람이 다른 사람을 중상하여 그의 명예로운 이름을 깎아내림으로써 경망스럽게 만들었다면 그는 자백하지 않을 수가 없다. 전갈은 그의 꼬리에 독을 가지고 다니고 비방자는 그의 혀에 독을 가지고 다닌다. 그의 말은 고슴도치의 가시처럼 깊이 찔린다. 다른 사람의 명예로운 이름을 해침으로 또는 거짓 증언을 함으로 살인한 자, 다른 사람의 재산에 손해를 끼친 자, 그 사람은 자기의 죄를 고백하고 용서를 빌어야 한다. "그러므로 예물을 제단에 드리다가 거기서 네 형제에게 원망들을 만한 일이 있는 줄 생각나거든 예물을 제단 앞에 두고 먼저 가서 형제와 화목하고 그 후에 와서 예물을 드리라"(마 5:23-24)고 하였다. 어떻게 이런 화해가 위해행위를 고백하지 않고서도 성사될 수 있는가? 이것이 이행되기 전에는 하나님은 당신의 아무 봉사도 받으시지 않을 것이다. 제단의 거룩함이 당신에게 면책 특권을 주리라 생각하지 말지니, 당신의 기도함과 말씀 들음도 당신의 허물을 형제에게 고백하여 당신의 형제의 분노를 진정시키기 전에는 아무 보람이 없는 것이다.

4
참다운 회개의 성격 II

* 성분 4: 죄의 부끄러움

회개의 넷째 성분은 부끄러움이며, 그래서 "그들로 자기의 죄악을 부끄러워하고"(겔 43:10)라고 하였다. 얼굴을 붉히는 것은 미덕의 혈색이다. 마음이 죄로 검게 물들었을 때 은혜가 얼굴을 붉히도록 만들기 때문에, "내가 부끄러워 낯이 뜨뜻하여 감히 나의 하나님을 향하여 얼굴을 들지 못하오니"(스 9:6)라고 하였다. 회개하는 탕자는 자기의 무절제가 얼마나 부끄러웠던지 더 이상 아들이라 불리울 가치가 없다고 스스로 생각하였다(눅 15:21). 회개는 거룩한 수줍음을 일으킨다. 만일 그리스도의 피가 죄인의 마음에 없다고 한다면 그렇게 많은 피가 얼굴에 올라오지 않을 것이다. 부끄러움을 일으키는 죄에 대하여 9가지 고려 사항이 있다.

첫째, 모든 죄는 우리를 죄책 있게 하고, 죄책(guilt)은 통상적으로 부끄러움을 낳는다. 아담은 무죄하던 시기에는 절대 부끄러워하지 않았다. 그가 백합화의 흰색을 지키는 동안에는 장미꽃의 붉어짐을 몰랐었다. 그러나 그가 죄로 자기의 영혼의 순결을 빼앗겼던 그 때 그는 부끄러워하였다. 죄가 우리의 피를 오염시켰으며, 우리는 하늘나라의 왕권에 대항한 중대한 반역의 죄책이 있다. 이것은 거룩한 겸비와 부끄러움을 일으킬 만한 것이다.

둘째, 모든 죄에는 감사할 줄 모름이 많이 내포되어 있고, 그것이 부끄러워할 일이다. 배은망덕하다고 나무람을 받는 사람은 얼굴을 붉힐 것이다. 하나님이 우리에게 아무 원인도 주지 아니하셨는데 우리는 하나님을 거스르고 죄를 지었으니, "너희 열조가 내게서 무슨 불의함을 보았관대"(렘 2:5)라고 하였다. 하나님의 긍휼이 우리를 진력나게 하지 아니하였다면 어떤 점에서 하나님이 우리를 진력나게 하였단 말인가? 아아, 우리에게 떨어져 내린 그 맑은 자비의 물방울들이여! 우리는 최상품 곡식을 받았었으며, 우리는 천사의 양식으로 살찌웠었다. 하나님이 축복하신 황금 기름이 우리의 하늘 아론의 머리로부터 우리에게로 흘러내렸다. 그런데 그토록 선하신 하나님의 인자하심을 악용한다는 것, 이것이 얼마나 우리를 부끄럽게 만들겠는가! 줄리어스 시저는 자기가 그토록 많은 은총을 베풀어 주었었건만 자기를 찌르러 온 브루투스의 손에 몰인정하게도 일을 당했으며, 그때 "뭐라고? 내 아들 브루투스여, 네가?"라고 하였다. 아아, 이 얼마나 배은망덕한 일인가! 긍휼을 입고서 더 나빠지다니! 아일리아누스(3세기 초 자연에 관해 저술한 로마인)는 향수의 냄새를 맡고 병에 걸리는 독수리에 대해 보고하고 있다. 하나님의 긍휼의 향기로 인해 교만과 사치의 병에 걸리다니, 이 얼마나 치졸한 일인가! 선을 악으로 갚고, 우리의 양육자를 차버리며(신 32:15), 하나님의 긍휼을 화살로 만들어 하나님을 향해 쏘며, 하나님 자신의 축복을 가지고 하나님에게 상처를 입히다니! 이 끔찍한 배은망덕이 우리의 얼굴을 진홍색으로 물들이지 않겠는가? 감사치 않는 것은 너무나 큰 죄이므로 하나님 자신도 이것에 경악하실 정도여서, "하늘이여 들으라 땅이여 귀를 기울이라 여호와께서 말씀하시기를 내가 자식을 양육하였거늘 그들이 나를 거역하였도다"(사 1:2)라고 하였다.

셋째, 죄는 우리를 벌거벗겼으며, 그것이 부끄러움을 일으킬 것이다. 죄는 우리의 거룩한 흰 세마포 옷을 벗겨버렸다. 죄가 우리를 하나님의 눈앞에 벌거벗겼고 변명시켰으니, 이것이 부끄럽게 하는 원인이 된다. 하눈이 다윗의 신복들을 모욕하여 그들의 옷을 잘라냄으로써 그들의 벌거벗은 모습이 드러났을 때 성경은 말씀하기를 "그 사람들이 크게 부끄러워하므로"(삼하 10:5)라고 하였다.

넷째, 우리의 죄는 그리스도를 부끄럽게 만들었는데, 우리는 부끄럽지 않단 말인가? 유대인들은 그에게 자색 옷을 입히고, 그의 손에 갈대를 들려주고, 그의 얼굴에 침을 뱉고, 가장 큰 고통에 드셨을 때 그를 모욕하였다. 여기에 '십자가의 수욕'이 있었던 것이다. 게다가 그 수욕을 심화시켰던 것은 그는 하나님의 어린양이신 고로 그의 인격의 고귀성을 고려할 때 더욱 그랬다. 우리의 죄가 그리스도께 부끄러움을 끼쳐드렸는데도 그 죄들이 우리를 부끄럽게 아니한단 말인가? 그가 자색 옷을 입으셨는데, 그런데도 우리의 뺨은 심홍색으로 빨개지지 않는단 말인가? 태양이 마치 그리스도의 수난을 보고 얼굴을 붉히는 듯 일식 때 얼굴을 가리는 것을 목격하고도 자기 얼굴을 붉힐 줄 모르는 자는 누구인가?

다섯째, 우리가 범하는 많은 죄들은 마귀의 특별한 충동질에 의한 것인데, 이것이 부끄러움을 일으키지 않는단 말인가? 마귀는 그리스도를 팔아넘길 뜻을 유다의 마음속에 넣어주었다(요 13:2). 그는 아나니아의 마음에 거짓말할 뜻을 채워주었다(행 5:3). 그는 가끔 우리의 정욕을 불러일으킨다(약 3:6). 그런데 위법으로 사생아를 낳는 것이 수치인 것처럼 마귀를 아버지라 부르게 될 죄를 낳는 것도 수치인 것이다. 성경은 동정녀 마리아가 성령의 권능으로 잉태하였다고 말씀하는데(눅 1:35), 우리는 가끔 사탄의 권능에 의해 잉태한다. 우리 마음이 교만, 육욕 그리고 악덕을 잉태할 때 이는 마귀의 권능에 의한 경우가 매우 흔하다. 우리의 많은 죄들이 옛 뱀과의 교접에 의해서 범해진다고 생각하는 이것이 우리를 부끄럽게 만들지 않겠는가?

여섯째, 죄는 키르케(마법의 잔을 율리시즈의 동행자들에게 주어 돼지로 변화시켰다는 그리스 전설의 마녀)의 마술 찻잔처럼 사람들을 짐승으로 변화시키는데(시 49:12), 이것이 과연 부끄러워할 일이 아닌가? 죄인들은 여우들(눅 13:32), 이리들(마 7:15), 들나귀들(욥 11:12), 돼지(벧후 2:22)에 비유된다. 죄인은 사람의 머리를 가진 돼지이다. 한때 존엄성에서 천사들보다 조금 못했던 인간이 이제는 짐승들처럼 된 것이다. 은혜도 현세에서 이 짐승 같은 품격을 몽땅 지워버리지 못한다. 저 선한 사람 아굴은 외치기를 "나는 다른 사람에게 비하면 짐승이라"(잠 30:2)고 하였다.

그러나 보통의 죄인들은 어떤 뜻에서는 온통 짐승같이 되어버려, 이성적으로 행동하지 못하고 자기들의 육욕과 격분의 난폭에 의해 휩쓸려 버린다. 어떻게 이것이 이처럼 인간 이하로 퇴화한 우리를 부끄러워하게 할 수 있겠는가? 우리의 죄는 이전에 우리가 가졌던 고결하고 남자다운 정신을 빼앗아가 버렸다. 왕관은 우리 머리에서 떨어져 버렸고, 하나님의 형상은 손상되었고, 이성은 이지러졌으며, 양심은 둔화되었다. 우리는 우리 속에 천사적인 것보다 짐승적인 것을 더 많이 가지고 있다.

일곱째, 모든 죄에는 어리석음이 있다(렘 4:22). 사람은 자기의 어리석음이 부끄러울 것이다. 생명의 빵을 위하기보다 썩어 없어지는 빵을 위해 더 많이 애쓰는 사람은 바보가 아닌가? 술 한 모금 때문에 왕국을 빼앗긴 티베리우스(눅 3:1에도 언급된, 만성 술 중독자였던 로마 황제)처럼 육욕과 하찮은 돈을 위해 하늘나라를 잃은 자는 바보가 아닌가? 자기의 몸을 안전하게 하기 위해 자기의 영혼을 해치는 자는 바보가 아닌가? 마치 사람이 자기의 셔츠를 챙기려고 자기의 팔이나 머리를 잘려나가게 놔두는 것과 같다. 그러한 자는 안티키라(호레이스, 고린도 해안 근처의 도시인 안티키라에서 정신이상을 치료하는 약초인 헬레보레가 발견되었다고 함)로 배타고 가야 할 것이다. 약속보다는 차라리 유혹을 믿겠다고 하는 자가 바보가 아닌가? 자기의 구원보다 자기 오락에 더 마음을 쓰는 자가 바보가 아닌가? 사람들이 땅을 상속받지 못하고 어리석음을 상속받는다는 것을 생각하면 이것이 얼마나 그들을 부끄럽게 만들겠는가(잠 14:18)?

여덟째, 우리들의 얼굴을 붉어지게 하는 것은 우리가 범하는 죄들이 이교도들의 죄보다도 훨씬 더 악하다는 것이다. 우리는 더 많은 빛을 거슬러 행동한다. 우리에게는 하나님의 신탁들이 위임되어 있다. 그리스도인이 범한 죄가 인디안이 범한 똑같은 죄보다 더 악하다고 하는 이유는 그리스도인은 더 뚜렷한 확신을 거슬러 죄짓기 때문이며, 이것은 양털에 대한 물감과 같고 또는 더 무게가 나가도록 올려놓은 저울추와 같기 때문이다.

아홉째, 우리의 죄는 마귀의 죄보다 더 악하다. 타락한 천사들은 결코 그리스도의 피를 거슬러 죄짓지 않았던 것이다. 그리스도는 그들을 위해 죽으시지 않았으며, 그의 공로의 약은 결코 그들을 치료하기로 작정된 것은 아니었다. 그러나 우리는 불신앙으로 그의 피를 모욕하였으며 깔보았던 것이다.

마귀는 결코 하나님의 인내심을 거슬러 죄짓지 않았다. 그들은 배교하자마자 즉시 저주를 받았던 것이다. 하나님은 결코 천사들을 기다리지 않으셨건만, 우리는 하나님의 인내심을 재고분까지 다 축내버렸다. 그는 우리의 약함을 불쌍히 여기시고 우리의 건방짐을 참으신다. 그의 성령은 박대를 받으셨지만 그래도 우리를 끈덕지게 조르시며 싫단 말을 못하게 하신다. 우리의 행위는 너무나 도발적이었는지라 모세의 인내심 뿐 아니라 모든 천사들의 인내심

마저 피곤케 했을 정도였다. 우리는 하나님을 이렇게 대하였으며, 그래서 그로 하여금 뜻을 돌이키기에 진력나시게 하였다(렘 15:6).

마귀는 결코 본보기를 거슬러 죄짓지는 않았다. 그는 최초로 죄 지은 자로서 최초의 본보기가 된 것이다. 우리는 그 천사들, 저들 아침의 계명성들이 그들의 영광스러운 궤도로부터 떨어지는 것을 보았다. 즉 우리는 고대 세계가 물에 빠지는 것을, 소돔이 불타는 것을 보았건만 그래도 무릅쓰고 죄를 지었다. 자기 동료가 사슬에 묶여 매달려 있는 바로 그 장소에서 강도질하는 그런 강도는 얼마나 절망적인가! 그리고 틀림없이, 우리가 만일 마귀 이상으로 죄를 지었다면 이것은 우리를 부끄럽게 하는 것이 당연하다.

> **적용1** 부끄러움은 회개의 성분인가? 만일 그렇다면 부끄러움이 전혀 없는 자들은 참회자가 되는 것과 얼마나 거리가 먼가?

많은 사람이 부끄러움 없이 죄를 지었기에, "불의한 자는 수치를 알지 못하는도다"(습 3:5)라고 하였다. 수치를 모르는 것이 커다란 수치다. 주님은 유대인들에게 이런 낙인을 찍으셨으며, 말씀하시기를 "그들이 가증한 일을 행할 때에 부끄러워하였느냐 아니라 조금도 부끄러워 아니할 뿐 아니라 얼굴도 붉어지지 않았느니라"(렘 6:15)고 하였다. 마귀는 사람들에게서 수치심을 훔쳐갔다. 메리 여왕 시대의 박해자들 중 한 사람이 순교자들에 대한 그의 유혈참상 때문에 비난을 받자 대답하기를 "나는 아무것도 부끄러울 것이 없다"라고 하였다. 느부갓네살이 풀을 뜯어먹게 된 것을 부끄러워하지 않은 것같이 많은 사람이 자기들 죄를 부끄러워하지 않는다. 사람들이 돌 같은 마음과 놋 같은 이마를 가질 때 이것은 마귀가 그들을 완전 장악했다는 표시이다. 인간 외에는 부끄러워할 줄 아는 피조물이 없다. 이성이 없는 짐승들은 공포와 고통의 능은 있지만 수치의 능은 없다. 당신은 짐승을 부끄러워하게 만들 수 없다. 죄에 대해 부끄러워할 줄 모르는 자들은 너무나도 많이 짐승들을 닮은 것이다.

어떤 이들은 이런 거룩한 부끄러움은커녕 자기들의 죄를 자랑으로 여기는 자들이 있다. 그들은 자기들의 긴 머리를 자랑으로 여기니, 이들은 마귀의 나실인들이다. "만일 남자가 긴 머리가 있으면 자기에게 욕되는 것을 본성이 너희에게 가르치지 아니하느냐"(고전 11:14)라고 하였다. 이것은 성적인 구별을 혼돈시키는 것이다. 또 어떤 이들은 자기들의 검은 반점들을 자랑으로 여긴다. 그런데 만일 하나님이 그것들을 푸른 반점으로 변화시키시면 어떻게 할까?

어떤 이들은 죄를 부끄러워하기는커녕 자기들의 죄를 영광으로 여기니, "그 영광은 저희의 부끄러움에 있고"(빌 3:19)라고 하였다. 어떤 이들은 자기들의 영광된 것을 부끄러워하여, 손에 좋은 책을 들고 있는 것을 보이기를 부끄러워한다. 또 어떤 이들은 자기들의 수치되는 일을 자랑으로 여겨, 죄를 한편의 용감한 행위로 여긴다. 악담하는 사람은 자기의 말에 욕지거리를 섞으면 지극히 고상하게 되는 것으로 생각한다. 술고래는 술 마시기에 용감한 것을 영광으로 여긴다(사 5:22). 그러나 사람들이 전능자의 호흡에 의해 7배나 더 뜨겁게 달구어진 활활 타는 용광로에 던져질 때, 그때 가서나 그들은 원인을 생각하며 죄를 자랑하도록 할 것이다.

> **적용2** 겸손한 부끄러움으로 우리의 참회를 보이자.

"나의 하나님이여 내가 부끄러워 낯이 뜨뜻하여 감히 나의 하나님을 향하여 얼굴을 들지 못하오니"(스 9:6)라고 하였다. "나의 하나님이여" 하는 데에 믿음이 있었고, "내가 부끄러워" 하는 데에 회개가 있었다. 위선자들은 공공연히 하나님을 자기들의 하나님이라 자신 있게 주장하겠지만 그들은 어떻게 부끄러워할지를 알지 못한다. 아아, 우리는 죄에 대해 스스로 거룩한 수치심을 갖자. 확신을 가지라. 지금 우리가 죄를 더 많이 부끄러워할수록 그리스도께서 오실 때 그만큼 덜 부끄럽게 될 것이다. 만일 경건한 자의 죄가 심판 날에 거론된다면 이것은 그들을 부끄럽게 하기 위함이 아니라 그들을 용서하시는 하나님의 은혜의 풍성함을 찬미하기 위함일 것이다. 정말로 악한 자는 마지막 날에 부끄러움을 당할 것이다. 그들은 굽실거리며 머리를 들지 못할 것이지만 성도들은 그때 흠이 없게 될 것이며(엡 5:27), 따라서 부끄러움이 없는 자가 될 것이다. 그러므로 그들은 머리를 들라는 명령을 받게 된다(눅 21:28).

* 성분 5: 죄를 미워함

회개의 다섯 번째 성분은 죄의 미움이다. 스콜라 철학자들은 이중적인 미움을 구별하였다. 가증한 것에 대한 미움, 또 적대적인 것에 대한 미움이다.

첫째로 가증한 것에 대한 미움 또는 혐오감이 있다. "너희 모든 죄악과 가증한 일을 인하여 스스로 밉게 보리라"(겔 36:31)고 하였다. 참다운 참회자는 죄를 혐오하는 사람이다. 만일 사람이 자기의 위를 메스껍게 하는 것을 혐오할진대 자기의 양심을 메스껍게 하는 것은 더욱더 싫어할 일이다. 죄를 떠나는 것보다도 죄를 혐오하는 것이 더 중요하다. 폭풍 가운데서 금그릇과 보석들을 배 밖으로 던지는 것처럼, 사람이 두려워서 죄를 떠날 수도 있지만 죄를 구역질내고 혐오하는 것이 죄에 대한 증오를 입증한다. 죄를 혐오하기 전까지는 그리스도를 결코 사랑하지 못한다. 죄를 혐오하기 전까지는 결코 하늘나라를 사모하지 못한다. 출혈로 피가 흐르는 것을 영혼이 보고 부르짖기를 '언제나 나는 이 사망의 몸에서 해방되겠습니까?'라고 한다. 언제나 나는 이들 더러운 죄의 옷을 벗어버리고 나의 머리에 아담한 영광의 관을 쓰겠습니까? 나의 모든 자기 사랑은 자기 미움으로 변하게 하소서(슥 3:4-5). 우리가 우리의 눈에 문둥이로 보일 때보다 더 귀하게 하나님의 눈에 보일 때는 결코 없는 것이다.

둘째로 적대적인 것에 대한 미움이 있다. 운동보다 더 생명을 발견하기 좋은 길은 없다. 눈은 움직이며, 맥박은 뛴다. 이와 같이 회개를 발견하기 위해 죄에 대한 거룩한 반발심보다 더 좋은 표시는 없다. 미움은 집요하기까지 분노가 끓어오르는 것이라고 키케로는 말하였다. 철저한 회개는 하나님을 사랑함에서 시작되고 죄를 미워함에서 끝난다.

그렇다면 죄에 대한 참 미움은 어떻게 알 수 있는가?

1. 사람의 영이 죄에 대항할 때

혀가 죄를 향해 맹렬히 비난할 뿐 아니라 마음이 이것을 질색하는 것, 그래서 아무리 교묘하게 죄가 착색되어 보인다 하여도 그 추악함을 간파하는 것이다. 마치 우리가 죽도록 미워하는 사람의 초상화가 아무리 잘 그려졌다 하더라도 혐오스러워하는 것과 같은 것이다. "사비디여, 나는 그대를 사랑하지 않노라"(로마의 작가 마르티알리스의 경구). 음식이 있는데 요리가 훌륭하고 양념이 좋다고 하자. 그래도 그 음식물이 사람의 비위에 안 맞는다면 그것을 입에도 대지 않을 것이다. 이와 같이 마귀가 죄를 쾌락과 이익으로 요리하고 꾸며놓는다 하자. 그래도 이것에 은근히 혐오감을 가지고 있는 참다운 참회자는 그것에 넌더리를 내고 참견도 하지 않을 것이다.

2. 죄에 대한 참다운 미움은 보편적이다.

죄에 대한 참다운 미움은 두 가지 면에서 보편적이다. 그것은 먼저 기능면에서 보편적이다. 다시 말하면 판단에서 뿐 아니라 의지와 정서에서도 죄를 싫어함이 있다. 허다한 사람이 죄는 비열한 것이라 확신하며, 그의 판단에서 죄에 대한 반감을 가지고 있지만, 그러면서도 죄에서 달콤함을 맛보며 은근한 만족감을 가진다. 여기 판단에서는 죄를 싫어함이 있으면서 정서에서는 죄를 포용함이 있다. 그에 반하여 참다운 회개 때는 죄에 대한 미움이 모든 기능에 들어 있고 지적인 기능에 뿐 아니라 특히 의지 속에도 들어 있다. 그래서 "미워하는 것 그것을 함이라"(롬 7:15)고 하였다. 바울은 죄에서 자유하지 않았지만 그의 의지는 여전히 죄에 대항하고 있었다.

다음으로 미움은 대상면에서 보편적이다. 한 가지 죄를 미워하는 사람은 모든 죄를 미워한다. 미움은 전 종류에 대한 것이라고 아리스토텔레스는 말했다. 하나의 뱀을 미워하는 사람은 모든 뱀들을 미워한다. 그래서 "모든 거짓 행위를 미워하나이다"(시 119:104)라고 하였다. 위선자들은 그들의 명예를 실추시키는 다소의 죄들을 미워하겠지만 참 회심자는 모든 죄들, 유리한 죄들, 허울 좋은 죄들, 바로 부패를 부추기는 것들 그 자체를 미워한다. 바울은 죄의 운동력을 미워하였다(롬 7:23).

3. 죄에 대한 참 미움은 모든 형태의 죄에 대한 것이다.

거룩한 마음은 죄를 그것의 본질적인 오염 때문에 혐오한다. 죄는 영혼 위에 오점을 남겨 놓는다. 중생한 사람은 저주 때문 뿐 아니라 감염 때문으로도 죄를 혐오한다. 그가 이 뱀을 미워하는 것은 그 쏘는 것 때문 뿐 아니라 그 독성 때문에도 미워한다. 그는 지옥 때문 뿐 아니라 지옥처럼 죄를 미워한다.

4. 참 미움은 인정사정이 없다.

죄와는 이 이상 도저히 화해되지 않을 것이다. 분노는 화해되겠지만 미움은 그렇지 못하다. 죄란 다시는 호의로 도저히 받아들일 수 없는 아말렉과도 같다. 하나님의 자녀와 죄 사이의 전쟁은 르호보암과 여로보암 사이의 전쟁과도 같다(왕상 14:30).

5. 참다운 미움이 있을 때 우리는 우리 자신 속에 있는 죄를 반대할 뿐 아니라 다른 사람들 속에 있는 죄도 반대한다.

에베소 교회는 악한 자들을 용납지 못하였다(계 2:2). 바울은 베드로가 비록 사도였지만 그의 허위에 대해 날카롭게 책망하였다. 그리스도께서는 거룩한 노여움으로 돈 바꾸는 자들을 채찍질해 성전 밖으로 내쫓으셨다(요 2:15). 그는 성전을 거래소로 삼는 것을 묵인

하지 않으려 하셨다. 느헤미야는 고리대금업과(느 5:7) 안식일 모독으로 인해서(느 13:17) 귀족들을 질책하였다. 죄를 미워하는 자는 자기 가정 안에서도 죄악을 참지 못할 것이기에, "거짓 행하는 자가 내 집안에 거하지 못하며"(시 10:17)라고 하였다. 행정장관들이 그들의 격분 가운데서는 의기충천함을 과시할 수 있으면서 악덕을 진압하는 데는 아무 영웅적인 의기도 보여주지 못할 때 얼마나 수치스러운가! 죄에 대한 반감을 전혀 가지지 않은 사람들은 회개에 대해서는 문외한들이다. 독이 뱀 속에 있듯 죄가 그들 속에 있어 선천적으로 즐거움을 주는 것이다.

죄를 미워하기는커녕 오히려 사랑하는 사람들은 얼마나 회개와 거리가 먼가! 경건한 자에게 죄는 눈 속의 가시와 같은데, 악한 자에게는 머리의 왕관과 같아서 "그가 악을 행하며 기뻐하도다"(렘 11:15)라고 하였다. 죄를 사랑하는 것은 죄를 범하는 것보다 더 악하다. 선한 사람이 부지중에 죄스런 행동에 빠져들 수도 있지만, 죄를 사랑하는 것은 절망적이다. 돼지가 진창에서 뒹굴기를 좋아할 수밖에 없게 만드는 것은 무엇인가? 마귀가 하나님을 반역하기를 좋아할 수밖에 없게 만드는 것은 무엇인가? 죄를 사랑한다는 것은 의지가 죄 가운데 있음을 나타내며, 의지가 더 많이 죄 가운데 있을수록 그만큼 죄는 더 큰 것이다. 고의성은 죄를 속죄제사로도 씻을 수 없는 죄로 만든다(히 10:26).

얼마나 많은 사람이 금지된 열매를 사랑하는가! 그들은 자기들의 욕지거리와 간음죄를 사랑하며, 죄를 사랑하고 책망을 미워한다. 솔로몬은 사람들의 세대에 관하여 말하기를 "평생에 미친 마음을 품다가"(전 9:3)라고 하였다. 이와 같이 사람들이 죄를 사랑하고, 자신의 죽음이 될 것을 껴안으며, 지옥 저주를 놀이로 삼으니 "미친 마음을 품고" 있는 것과 다름없다.

이것이 우리를 설득하여 죄에 대한 사무친 미움으로 우리의 회개를 나타낸다. 전갈과 악어 사이에는 철천지의 적대감이 있는데, 그런 것이 마음과 죄 사이에 있어야 하는 것이다.

- **질문** 죄에는 무엇이 들어 있어 참회자로 하여금 이를 미워하도록 만드는가?
- **대답** 죄는 저주받은 놈이며, 가장 기형적인 괴물이다. 사도 바울은 이것을 표현하는 데 대단한 강조어를 사용하여, "죄로 심히 죄되게 하려 함이니라"(롬 7:13)라고, 또는 그리스어 그대로 하면 "과대히 죄스러운"이라고 하였다. 죄가 과대한 해독이며 미움을 사 마땅하다는 점은 죄를 다음과 같은 4중적인 생각으로 볼 때 분명해질 것이다.

첫째, 죄가 어디서 나오는지 그 근원을 바라보라. 죄의 족보는 지옥에서 시작되기에, "죄를 짓는 자는 마귀에게 속하나니 마귀는 처음부터 범죄함이니라"(요일 3:8)고 하였다. 죄는 마귀의 본업이다. 하나님이 죄를 규제하는 데 관여하시는 것은 사실이지만 사탄은 죄를 행동화하는 데 관여한다. 마귀 특유의 일, 아니 실제로는 사람들을 마귀로 만드는 일을 하고 있다는 것이 얼마나 밉살스러운가?

둘째, 죄의 성질을 바라보라. 그러면 이것이 몹시 밉살스레 보일 것이다. 성경이 이것을 어떻게 그려 놓았는지 보라. 이것은 하나님을 욕되게 하는 것이며(롬 2:23), 하나님을 멸시하는 것이며(삼상 2:30), 하나님을 격노케 하는 것이며(겔 16:43), 하나님을 괴롭게 하는 것이며(사 7:13), 부정한 행실의 아내를 사랑하는 남편처럼 하나님의 마음을 상하게 하는 것인지라, "그들이 음란한 마음으로 나를 떠나고 음란한 눈으로 우상을 섬겨 나로 근심케 한 것을"(겔 6:9)이라고 하였다. 죄는 행동이 극대화될 때 그리스도를 새로이 십자가에 못박는 것이며 그를 공공연히 수치당하게 하는 것이다(히 6:6). 다시 말하면 철면피적인 죄인들은 그의 성도들을 찌름으로써 그리스도를 찌른다. 그래서 만일 지금 그가 땅 위에 계시다면 그들은 또 직접 그를 찌를 것이다. 죄의 몹쓸 성질을 보라.

셋째, 죄를 비교하여 바라보라. 그러면 이것이 무시무시해 보일 것이다. 죄를 고통과 지옥과 비교하라. 이것은 그 둘보다 더 못되었다. 이것은 병, 가난, 죽음 같은 고통보다 더 못되었다. 고통의 바다 속보다 한 방울의 죄 속에 더 많은 악덕이 들어 있다. 왜냐하면 죄는 고통의 원인이고 원인은 결과보다 더 중한 것이기 때문이다. 하나님의 정의의 검은 고요히 칼집 속에 들어 있다가 마침내 죄가 이것을 뽑아내는 것이다. 고난은 우리를 위해 좋은 것이다. "고난당한 것이 내게 유익이라"(시 119:71)고 하였다. 고난은 회개를 일으킨다(대하 33:12). 독사가 얻어맞으면 독액을 토해내듯이 하나님의 막대기가 우리를 때리면 우리는 죄의 독을 내뱉는다. 고난은 우리의 은혜를 향상시킨다. 금은 불 속에서 가장 순수하고 향나무는 불 속에서 가장 향기롭다. 고난은 지옥 저주를 예방한다(고전 11:32). 그러므로 마우리스 황제는 내세에 형벌받지 않기 위하여 현세에 자기를 처벌해 달라고 하나님께 기도하였다. 이와 같이 고난은 여러 면에서 우리의 유익이 되지만 죄에는 아무 유익이 없다. 므낫세의 고난은 그를 겸비케 하였지만 유다의 죄는 그를 절망에 이르게 하였다.

고난은 오직 몸까지 미치지만 죄는 더 깊이 들어가서 상상력을 중독시키고 정서를 혼란시킨다. 고난은 교정적일 뿐인데, 죄는 파괴적이다. 고난은 목숨만 빼앗아갈 뿐인데, 죄는 영혼을 빼앗아간다(눅 12:20). 고난당하는 사람은 자기 양심의 평온을 유지할 수 있다. 방주가 물결 위에서 요동할 때 노아는 방주 안에서 노래할 수가 있었다. 몸이 고난당하며 요동할 때 그리스도인은 "마음으로 주께 노래하며 찬송하며"(엡 5:19)라 할 수 있다. 그러나 사람이 죄를 범할 때 양심은 공포에 떤다. 스피라(종교개혁기에 베니스 근처에 살던 저명한 법률가로서 로마 가톨릭교에서 개신교로 돌아섰다가 나중에 다시 배교함)를 보라. 그는 신앙을 공개적으로 포기한 직후 말하기를 지옥 저주받은 영들도 자기가 내면적으로 겪었던 저 고통을 느끼지 못했을 것으로 생각한다고 하였다.

고난 속에서 우리는 하나님의 사랑을 받을 수 있다(계 3:19). 한 사람이 다른 사람에게 돈 자루를 던졌는데 던지는 과정에 그 사람을 조금 다치게 해 살갗을 부어오르게 할지라도 그는 이것을 불친절하게 받지 않고 사랑의 열매로 받을 것이다. 이와 같이 하나님이 우리를 고난으로 상하게 하실 때 이것은 그의 성령의 귀중한 은혜와 위로로 우리를 부요케 하시려는 것이다. 모든 것이 사랑으로 된 것이다. 그러나 우리가 죄를 범할 때 하나님은 그의 사랑을 거두신다. 다윗이 죄를 지었을 때 그는 하나님에게서 노여움 외에 아무것도 느끼지 못하여, "구름과 흑암이 그에게 둘렸고"(시 97:2)라고 하였다. 즉 그는 하나님의 얼굴에서 구름과 흑암 외에는 아무것도, 아무 무지개도, 아무 햇살도 볼 수 없었던 것이다.

죄가 고난보다도 더 못되었음이 분명한 것은 하나님이 현세에서 사람에게 내리시는 최대의 심판은 사람을 아무 통제도 하지 않고 죄짓도록 내버려 두는 것이기 때문이다. 주님의 노여움이 한 개인을 향해 가장 맹렬히 불붙을 때, 주님은 내가 이 사람에게 칼과 염병을 보내리라 말씀하지 않고 내가 그로 계속 죄짓게 내버려 두리라고 말씀하신다. "그러므로 내가 그 마음의 강퍅한 대로 버려두어"(시 81:12). 사람을 죄짓도록 그대로 방치해 두는 것(하나님 자신의 설명대로)이 가장 무서운 악일진대, 그러면 죄는 고난보다도 훨씬 더 못된 것이다. 그리고 만일 그렇다면 죄가 우리에게 얼마나 미움을 받아 마땅한가!

죄와 지옥을 비교해 보라. 그러면 당신은 죄가 더 못되었다는 것을 알게 될 것이다. 고통은 지옥에서 최고조에 달하지만 거기서도 죄만큼 못된 것은 아무것도 없다. 지옥은 하나님이 만드신 것이지만 죄는 전혀 그가 만드신 것이 아니다. 죄는 마귀의 피조물이다. 지옥의 고통은 오직 죄인에게만 짐이 되지만 그 죄는 하나님에게 짐이 된다. "곡식단을 가득히 실은 수레가 눌림을 받듯이 내가 너희 아래서 눌림을 받나니"(암 2:13, 흠정역본에서-역주)라고 하였다. 지옥의 고통 속에도 무엇인가 선한 것이 있다. 이를테면 하나님의 정의가 집행되는 것이다. 지옥에도 정의가 발견될 수 있지만 죄는 한편의 최악의 불법이다. 이것은 하나님에게서 그의 영광을, 그리스도에게서 그의 공로를, 영혼에게서 그의 행복을 강탈하게 마련이다. 그렇다면 고난이나 지옥보다 더 못된 죄가 가장 미워할 대상이 아닌지 판단하라.

넷째, 죄를 그 소산과 결과를 놓고 바라보라. 그러면 이것이 밉살스러운 것으로 보일 것이다. 죄는 몸에까지 미친다. 이것은 몸을 가지가지 불행에 노출시켜 왔다. 우리는 울음소리와 함께 세상에 들어왔다가 신음소리와 함께 나가버린다. 헤로도토스가 우리에게 이르는 바와 같이, 트라키아인들은 자식들의 생일날에 세상에서 그 자식들이 겪어나갈 재앙들을 생각하고 울어버릴 수밖에 없었다. 죄는 트로이의 목마인지라 거기서 괴로움의 모든 군대가 쏟아져 나온다. 거의 모든 사람들이 이런 것들을 느끼기 때문에 내가 구태여 일일이 이름을 댈 필요는 없다. 우리는 꿀을 빨아 먹는 사이 가시나무에 찔린다. 죄는 우리의 위안의 포도주 속에 좌절을 타주고, 이것은 우리의 무덤을 판다(롬 5:12).

죄는 영혼에까지 미친다. 죄로 인해 우리는 그 속에 우리의 성결과 우리의 존엄이 내재했던 하나님의 형상을 잃어버렸다. 아담은 그의 본래의 영광 중에 있을 때 그 몸에 문장박힌 겉옷을 걸친 포교관과 같았었다. 그가 왕의 문장복을 입고 있기 때문에 모든 사람이 그를 우러러보지만 이 복장을 잡아 벗겨 보라. 아무도 그를 거들떠보지 않는다. 죄는 이런 치욕을 우리에게 끼쳤고, 우리 무죄의 옷을 잡아채 버렸다. 그러나 그것이 전부가 아니다. 이 미늘이 있는 죄의 화살은 더욱 깊이 박힐 것이다. 이것은 그 앞에 기쁨의 충만함이 있는 아름다운 하나님의 환상에서 우리를 영원히 분리시킬 것이다. 만일 죄가 그토록 과도히 죄스러운 것이라면 이것은 우리의 원한을 팽창시킬 것이며 죄에 대한 우리의 인정사정없는 분개심을 분기시킬 것이다. 암논이 다말을 미워함이 기왕에 그녀를 사랑했던 것보다 더 심했던 것처럼(삼하 13:15), 우리는 이전에 죄를 사랑하였던 것보다 무한히 더욱 죄를 미워해야 한다.

∗ 성분 6: 죄에서 돌이킴

회개의 여섯 번째 성분은 죄에서 돌아서는 것이다. 개혁은 회개의 후위를 맡아보도록 맨 뒤에 남는다. 만일 울면서 죄를 털어놓지 않을진대, 니오베(Niobe, 자식들을 잃고 울다가 돌이 되어버렸다)처럼 울다 지쳐 돌이 되어버리면 어떻게 하는가? 참다운 회개는 질산처럼 죄의 쇠사슬을 산산이 부식시킨다. 그러므로 우는 것과 돌이키는 것은 짝을 이룬다(욜 2:12). 슬픔의 구름이 눈물로 떨어진 후에 영혼의 창공은 더욱 맑아지는 법이니, "너희는 마음을 돌이켜 우상을 떠나고 얼굴을 돌이켜 모든 가증한 것을 떠나라"(겔 14:6)고 하였다. 이렇게 죄에서 돌이키는 것을 죄를 버리는 것이라 이르는데(사 55:7), 마치 사람이 도둑이나 마술사의 패거리를 버리는 것과 같다. 이것은 "죄를 멀리 버리는 것"(욥 11:14)이라 부르며, 마치 바울이 독사를 떼어버려 불 속에 떨어뜨리는 것과 같다(행 28:5). 죄에 대하여 죽는 것이 회개의 생명이다. 그리스도인이 죄에서 돌이키는 바로 그날 그는 자신에게 종신 금식령을 내려야 한다. 눈은 불순한 눈짓을 하지 않는 금식을 해야 하며, 귀는 비방을 듣지 않는 금식을 해야 하며, 혀는 욕지거리하지 않는 금식을 해야 한다. 또한 손은 뇌물을 받지 않는 금식을 해야 하고, 발은 창녀의 길로 가지 않는 금식을 해야 하며, 영혼은 죄악을 사랑하지 않는 금식을 해야 한다. 이렇게 죄에서 돌이키는 것은 주목할 만한 변화를 내포한다.

마음속에 이루어지는 변화가 있다. 부싯돌 같은 마음이 육질의 마음으로 되었다. 사탄은 그리스도가 돌을 떡으로 변화시킴으로써 자신의 신성을 증명하도록 유혹하였다. 그리스도께서는 돌을 육이 되게 하시는 것보다 훨씬 더 큰 기적을 행하셨다. 회개하면 그리스도께서는 돌의 마음을 육질로 변화시키신다.

생활 속에서 이루어지는 변화가 있다. 죄에서 돌이키는 것은 너무나 가시적이기 때문에 다른 사람들이 이것을 식별할 수 있다. 그러므로 이것은 흑암으로부터 빛으로의 변화라고 일컬어지는 것이다(엡 5:8). 바울은 하늘나라의 환상을 보고 난 후에 너무나 확연히 돌이켰기 때문에 모든 사람들이 그 변화에 놀랐다(행 16:33). 회개는 간수를 간호사와 의사로 변화 시켰다(행 9:21). 그는 사도들을 데려다가 그들의 상처를 씻기고 그들 앞에 식탁을 베풀었던 것이다. 한 척의 배가 동쪽으로 가고 있는데, 바람이 불어와서 이것을 서쪽으로 돌린다. 이와 마찬가지로 한 사람이 지옥을 향해 가고 있는데 성령의 반대 바람이 불어오더니 그의 진로를 바꾸어주어 그로 하여금 하늘나라로 항진하게 하였다. 크리소스톰은 니느웨인들의 회개에 대해 설교하기를, 만일 니느웨의 난폭을 본 일이 있는 나그네가 그들이 회개한 후 그 도성에 들어가 보았다면, 그는 이것이 너무나도 변형되고 개혁되었기 때문에 이것이 바로 그 동일한 도성인가 거의 믿기 어려울 것이라고 하였다. 회개는 그렇게 가시적인 변화를 사람 속에 일으키는 것인데, 마치 별개의 영혼이 동일한 몸에 들어간 것과 같은 것이다.

죄에서 돌이키는 것이 올바른 판정을 받으려면 다음 몇 가지 사항이 필수조건이다.

첫째로 마음이 죄로부터 돌이켜야 한다. 마음은 살아 있는 것의 첫째(primum vivens)이며, 따라서 이것은 돌이키는 것의 첫째(prmium vertens)가 되어야 한다. 마음은 마귀가 가장 맹렬히 노리는 곳이다. 그가 모세의 시체를 가지고 다툰 것도 그가 사람의 마음을 가지고 다투는 정도에 미치지 못했다. 종교에서는 마음이 전부다. 만일 마음이 죄에서 돌이키지 않았다면 그 종교는 거짓말이나 진배없기에, "그 패역한 자매 유다가 진심으로 내게 돌아오지 아니하고 거짓으로 할 뿐이니라"(렘 3:10) 또는 히브리어로 '거짓말로'라고 하였다. 유다는 개혁을 자랑삼았으며, 열 지파들처럼 그렇게 요란하게 우상숭배를 일삼지 않았다. 그렇지만 유다는 이스라엘보다 더 악했으며, '패역한' 유다로 불렸다. 유다는 개혁하는 체하였지만 그것은 진실로 한 것이 아니었다. 그들의 마음은 하나님께 있지 않았고, 그들은 온전한 마음으로 돌이키지 않았던 것이다.

마음은 아직도 죄와 결탁하고 있으면서도 죄에서 돌이키는 체 꾸미는 것은 가증하다. 나는 세례까지 받은 한 색슨족 왕에 관해 읽은 적이 있는데, 그는 같은 교회 안에 기독교를 위하여 한 재단을 두고 또 이교도를 위하여 한 제단을 두었다고 한다. 하나님은 전인적인 마음으로 죄에서 돌이키기를 바라신다. 참다운 회개는 보류하는 것도, 동거자도 없어야 한다.

둘째로 마음은 모든 죄에서의 돌이킴이 되어야 한다. "악인은 그 길을, 불의한 자는 그 생각을 버리고"(사 55:7)라고 하였다. 진정한 참회자는 죄의 길 밖으로 돌이켜서, 모든 죄를 버린다. 예후가 모든 바알의 제사장들을 모조리 도망하지 못하게 하고 죽었듯이(왕하 10:24), 참다운 회심자는 모든 육욕을 박멸하기를 꾀한다. 그는 어느 한 가지 죄라도 품고 있는 것이 얼마나 위험한가를 안다. 자기 집에 한 사람의 반역자를 숨겨두는 자는 왕권에 대한 배반이고, 한 가지 죄에 탐닉하는 자는 배신적인 위선자이다.

셋째로 영적인 이유로 인한 죄에서의 돌이킴이 되어야 한다. 사람은 죄의 행동을 억제하면서도 올바르게 죄에서 돌이킬 수는 없을 수도 있다. 죄의 행동은 두려움 또는 속셈에 의해 억제될 수 있겠지만 참다운 참회자는 신앙적인 원칙에 의해, 이를테면 하나님께 대한 사랑 때문에 죄로부터 돌이킨다. 설사 죄가 그런 쓰라린 열매를 맺지 않는다 하더라도, 죽음이 이 나무에서 자라지 않는다 하더라도 은혜로운 영혼은 하나님께 대한 사랑으로 인해 죄를 버린 것이다. 이것이 가장 적절한 죄에서의 돌이킴이다. 물건들이 얼어버리거나 응고될 때 이것들을 떼어내는 가장 좋은 방법은 불에 쬐는 것이다. 사람들과 그들의 죄가 함께 엉겨 붙어 있을 때 이것들을 떼어내는 최상의 방법은 사랑의 불에 쬐는 것이다. 세 사람이 서로에게 무엇이 죄에서 떠나게 하였는가 물었을 때 한 사람은 말하기를 나는 하늘나라의 즐거움이라 생각한다고 하였고, 또 한 사람은 지옥의 고통이라 생각한다고 했다. 그러나 마지막 사람은 하나님의 사랑이라 생각하며 그것이 나로 죄를 버리게 만든다고 말하였다. 내가 어떻게 사랑의 하나님을 노여우시게 하겠는가?

넷째로 하나님께로 돌아가는 죄에서의 돌이킴이 되어야 한다. 성경 본문에서는 "회개하고 하나님께로 돌아가서"(행 26:20)라고 하였다. 죄에서 돌이키는 것은 상처에서 화살을 뽑아내는 것과 같고, 하나님께로 돌아가는 것은 연고를 흘려 넣는 것과 같다. 성경에 보면 "죽은 행실을 회개함"(히 6:1)과 "하나님께 대한 회개"(행 20:21)를 말씀하고 있다. 불건전한 마음은 옛 죄들을 떠나는 체하지만 하나님께로 돌아가거나 봉사하는 생활에 들어가지 않는다. 마귀의 진영을 버리는 것으로 충분하지 않으며 우리는 그리스도의 기치 밑에 들어와서 그의 군기를 메어야 한다. 회개하는 탕자는 어울려 놀던 창녀들을 떠났을 뿐 아니라 일어나서 자기 아버지에게로 갔다. 하나님은 한탄하시기를 "저희가 돌아오나 높으신 자에게로 돌아오지 아니하니"(호 7:16)라고 하였다. 참다운 회개에서는 바늘이 북극을 가리키듯 마음이 똑바로 하나님을 향한다.

끝으로 죄로부터의 진정한 돌이킴은 다시 죄로 돌아가지 않는 것이다. "에브라임의 말이 내가 다시 우상과 무슨 상관이 있으리요 할지라"(호 14:8)고 하였다. 죄를 버리는 것은 자기의 본국을 버리는 것과 같이 다시는 그리로 되돌아갈 수 없다. 어떤 사람들은 회심자 같이 보였고 죄에서 돌이킨 것 같았지만, 자기들의 죄로 다시 돌아가 버렸다. 이것은 망령된 데로 돌아가는 것이며(시 85:8), 이것이 무서운 죄인 것은 이것이 밝은 빛을 거스르는 것이기 때문이다. 일단 자기의 죄를 떠난 사람은 양심의 번뇌 가운데 죄의 쓰라림을 느꼈던 사람이라고 상상할 수 있다. 그럼에도 불구하고 그가 그 죄로 다시 돌아갔으니, 그는 성령의 조명을 거슬러 죄를 짓는 것이다.

그렇게 죄로 되돌아가는 것은 하나님을 욕되게 하므로 "너희 열조가 내게서 무슨 불의함을 보았관대 나를 멀리하고"(렘 2:5)라고 하였다. 죄로 되돌아가는 자는 암암리에 하나님에게 어떤 악을 돌리는 것이다. 만일 사람이 자기 아내를 버린다면 그녀의 어떤 허물을 남편이 안다는 것을 암시한다. 하나님을 떠나 죄로 돌아가는 것은 소리 없이 신격을 중상하는 것이다. "이혼하는 것과 학대로 옷을 가리우는 자를 미워하노라"(말 2:16)고 하신 하나님은 자기 자신이 이혼당하는 것을 싫어하신다.

죄로 돌아가는 것은 마귀에게 사람을 지배하는 능력을 예전보다 더 많이 내준다. 사람이 죄에서 돌이킬 때 마귀는 그 사람에게서 쫓겨난 것 같지만 그가 죄에게 되돌아가면 마귀는 다시 그 집에 들어가 차지하게 되며, 그러면 "그 사람의 나중 형편이 전보다 더욱 심하게 되느니라"(마 12:45)라고 하였다. 죄수가 감옥에서 탈옥하면 간수가 그를 다시 붙들어 들이고 그에게 더 강한 쇠사슬을 매어둘 것이다. 죄의 길을 벗어나는 사람은 말하자면 마귀의 감옥을 탈옥하는 것인데, 만일 사탄이 그를 붙잡아 죄에 되돌아오게 한다면 마귀는 전보다 더 단단히 그를 사로잡을 것이고 더 완전히 그를 장악할 것이다. 이것을 조심하라! 참되게 죄에서 돌이키는 것은 죄와 이혼하는 것이며, 따라서 결코 다시는 더 그리로 가까이하지 않는 것이다. 누구든지 이와 같이 죄에서 돌이킨 사람은 축복받은 사람이기에, "하나님이 그 종을 세워 복 주시려고 너희에게 먼저 보내사 너희로 하여금 돌이켜 각각 그 악함을 버리게 하셨느니라"(행 3:26)고 하였다.

> **적용1** 죄에서 돌이키는 것이 회개의 필수 성분인가?

만일 그렇다면 참다운 회개는 거의 찾아볼 수 없을 것이다. 교인들은 그들의 죄에서 돌이키지 않았으며 그들은 여전히 과거의 자기들과 똑같은 것이다. 그들은 교만하였는데, 여전히 그들은 그 꼴이다. 노아의 방주에 있는 짐승들처럼 그들은 부정한 채 방주 안으로 들어갔다가 부정한 채 밖으로 나왔다. 사람들은 불결한 채 성찬식에 왔다가 불결한 채 가버린다. 비록 사람들은 밖으로는 그렇게 많은 변화를 보았지만 그러면서도 안으로는 아무 변화도 일어나지 않았기에, "이 백성이 오히려 자기들을 치시는 자에게로 돌아오지 아니하며"(사 9:13)라고 하였다. 돌이키지 않는 자들을 회개하는 자들이라 어떻게 말할 수 있는가? 자기들 이마에 여전히 문둥병이 들어 있는 자들이 요단강에서 씻은 자들인가? 예전에 "에브라임이 우상과 연합하였으니 버려두라"(호 4:17)고 말씀하신 하나님이 개혁되지 않은 자에게 똑같이 말씀하지 않겠는가? 이와 마찬가지로 여기 술 취함과 부정한 생활에 얽매인 사람이 있다고 하자. 그를 버려두라. 그로 하여금 계속 죄 가운데 행하게 하라. 그러나 만일 하늘나라에 공의가 있든지 지옥에 앙갚음이 있든지 그는 형벌을 면하지 못할 것이다.

> **적용 2** 반쯤 돌이킨 사람들은 책망받아야 한다.

누가 이런 사람들인가? 자기들 판단에서는 돌이키나 자기들 실천에서는 돌이키지 않는 그런 자들이다. 그들은 죄가 토성처럼(사람에게 해로운 영향을 끼친다고 비기독교 점성가들이 믿었던) 나쁜 측면과 영향력을 가지고 있음을 시인하지 않을 수 없고, 그래서 죄 때문에 울 것이다. 하지만 그러면서도 죄에 너무나 홀려버린 나머지 죄를 떠날 능력이 전혀 없는 것이다. 그들의 부패는 그들의 확신보다 더 강력하다. 이들은 반쯤 돌이킨 얼치기 그리스도인들이다(행 26:28). 즉 한 쪽은 구워지고 다른 한 쪽은 날반죽 그대로의 빵이었던 에브라임과 같은 것이다(호 7:8).

큰 죄에서는 돌이키지만 내재적인 은혜의 역사가 없는 사람들은 반쯤 돌이킨 자들이다. 그들은 그리스도를 높이 평가하지도 않고 거룩함을 사랑하지도 않는다. 요나의 경우와 예의바른 사람들의 경우가 같다. 요나는 태양열로부터 자기를 막아줄 박넝쿨을 얻고서는 자신이 안전하다 생각했는데, 이윽고 벌레가 생겨나 박넝쿨을 먹어치웠다. 이와 같이 사람들은 큰 죄에서 돌이켰을 때 자기들의 교양이 하나님의 진노에서 자기들을 방어해 줄 박넝쿨이 될 것이라 생각하지만 죽을 때 양심의 벌레가 생겨나 이 박넝쿨을 해치우고, 그렇게 되면 그들의 마음은 약해지고 그들은 낙심하기 시작한다.

많은 죄에서 돌이켰지만 어떤 특별한 죄에서는 돌이키지 않는 사람들은 반쯤 돌이킨 자들이다. 붙잡고 놔주지 않는 창녀가 그들 가슴 속에 있는 것이다. 마치 어느 사람이 몇 가지 병들은 치료하였지만 자기 몸속에 암이 있어 결국 죽게 되는 것과 같다. 이들은 그 돌이킴이 돌이키지 않음과 진배없는 자들, 한 마귀를 추방하고 다른 마귀를 맞아들이는 자들이다. 그들은 욕지거리하는 데서 중상 비방하는 데로 돌이키며, 사치스러움에서 탐욕스러움으로 돌이키며, 흡사 사흘거리 학질에서 나흘거리 학질로 바뀌는 병든 사람과 같다. 그러한 돌이킴은 사람들을 지옥으로 돌이킬 것이다.

> **적용3** 우리는 죄로부터 하나님께로 돌이킴으로써 우리 자신이 참회자들임을 보이자.

설득시킬 만한 소망이 거의 없는 몇몇 사람들이 있다. 말씀의 나팔을 더없이 날카롭게 울리게 하라. 위협의 우레를 그들을 향해 발하게 하라. 얼마간 지옥불의 섬광을 그들 얼굴에 쏘이게 하라. 그럴지라도 그들은 다른 수를 써서 죄를 지을 것이다. 이런 사람들은 마귀에게 이끌려 바다 속에 몰사한, 복음서에 나오는 돼지 떼와 같아 보인다. 그들은 돌이키느니 차라리 지옥 저주를 받으려 한다. "그들이 거짓을 고집하고 돌아오기를 거절하도다"(렘 8:5). 그러나 만일 우리 속에 무슨 공명정대나 맑은 정신이 있을진대, 또 양심이 깊은 잠에 빠져 있지 않을진대, 우리를 부르시는 이의 음성에 귀를 기울이자. 그리고 우리의 최고선이신 하나님께로 돌이키자.

하나님은 얼마나 자주 우리에게 자기에게로 돌이키라 요구하시는가? 그는 맹세하여 말씀하시기를 "나의 삶을 두고 맹세하노니 나는 악인의 죽는 것을 기뻐하지 아니하고 악인이 그 길에서 돌이켜 떠나서 사는 것을 기뻐하노라 이스라엘 족속아 돌이키고 돌이키라"(겔 33:11)고 하였다. 하나님은 우리의 피보다 우리의 회개하는 눈물을 더 원하신다.

하나님께로 돌이키는 것은 우리의 유익이 된다. 우리의 회개는 하나님께 유익한 것이 아니고 우리 자신에게 유익한 것이다. 만일 사람이 샘물을 마신다면 그는 자기 자신을 유익하게 하는 것이지 샘물을 유익하게 하는 것이 아니다. 만일 사람이 태양의 빛을 바라본다면 사람 자신이 상쾌해지는 것이지 태양이 상쾌해지는 것이 아니다. 마찬가지로 우리가 죄로부터 하나님께로 돌이킨다면 그것으로 하나님이 이익을 보시는 것은 아니다. 그 이익을 거두는 자는 오직 우리 자신일 뿐이다. 이런 경우에는 자기 사랑이 우리를 설득시킬지니, "네가 만일 지혜로우면 그 지혜가 네게 유익할 것이나"(잠 9:12)라고 하였다.

만일 우리가 하나님께로 돌이킨다면 하나님이 우리에게로 돌이키실 것이다. 그는 그의 분노를 우리에게서 돌이키실 것이고 그의 얼굴을 우리에게로 돌이키실 것이다. 다윗의 기도는 "내게로 돌이키사 나를 긍휼히 여기소서"(시 86:16)라는 것이었다. 우리의 돌이킴이 하나님을 돌이키시게 할 것이기에, "만군의 여호와께서 이처럼 이르시되 너희는 내게로 돌아오라 나 만군의 여호와의 말이니라 그리하면 내가 너희에게로 돌아가리라"(슥 1:3)고 하였다. 원수되셨던 이가 우리의 친구로 돌이키실 것이다. 만일 하나님이 우리에게 돌이키신다면 천사들도 우리에게로 돌이킬 것이고, 우리는 그들의 후견과 보호를 받을 것이다(시 91:11). 만일 하나님이 우리에게로 돌이키신다면 모든 사물이, 긍휼이나 고난이나 다 우리의 유익이 되도록 변할 것이며, 우리는 지팡이 끝으로 꿀을 맛볼 것이다.

5. 회개를 강력히 주장하는 이유들
: 완악한 자에 대한 경고를 곁들여

앞서 우리는 회개의 몇 가지 요소들을 알아보았다. 본 장에서는 회개를 강력히 주장하는 이유들에 대해 계속 살펴보기로 한다.

1. 하나님의 주권적 명령

"이제는 어디든지 사람을 다 명하사 회개하라 하셨으니"(행 17:30)라고 하였다. 회개는 재량권이 아니다. 우리가 회개할 것인가 아닌가는 우리의 선택권에 맡겨진 것이 아니며, 이것은 피할 수 없는 명령이다. 하나님은 하늘나라의 최고법원에서 회개하는 죄인 외에는 아무 죄인도 구원받지 못할 것이라는 법률을 제정하셨고, 그는 손수 만드신 자신의 법을 어기지 않으실 것이다. 설사 모든 천사들이 하나님 앞에 서서 회개하지 않는 사람의 생명을 위해 애걸한다 하더라도 하나님은 이를 들어주지 않으실 것이다. "여호와로라 여호와로라 자비롭고 은혜롭고…인자를 천 대까지 베풀며 악과 과실과 죄를 용서하나 형벌 받을 자는 결단코 면죄하지 않고"(출 34:6-7)라고 하였다. 비록 하나님은 태양이 빛으로 충만함보다 긍휼로 더욱 충만하시지만 그래도 그는 자기 죄악 가운데 계속 행하고 있는 죄인을 용서하지 않으실 것이기에, "형벌 받을 자는 결단코 면죄하지 않고"라고 하였다!

2. 하나님의 순결한 성품은 회개치 않는 피조물과의 친교를 거부한다.

죄인이 회개할 때까지 하나님과 죄인은 친구가 될 수 없으므로, "너희는 스스로 씻으며 스스로 깨끗케 하여"(사 1:16)라고 하였다. 가서 너희 자신을 회개의 짭짤한 물에 푹 잠그라. 그리고 나서 내가 너희와 담판할 터이니 "오라 우리가 서로 변론하자"(사 1:18)라고 하나님은 말씀하신다. 그러나 그렇지 않거든 내게 가까이 오지도 말지니 "빛과 어두움이 어찌 사귀며"(고후 6:14)라고 하였다. 의로우신 하나님이 어떻게 아직 불법 가운데 계속 처신하는 자를 방관하실 수 있는가? "나는 악인을 의롭다 하지 아니하겠노라"(출 23:7)고 하였다. 만일 하나님이 회개하기 전의 죄인과 평화롭게 지내신다면 하나님은 죄인이 저지른 모든 짓을 좋아도 하시고 승인도 하시는 것처럼 보일 것이며, 그는 자신의 거룩함에 역행하게 될 것이다. 반역의 범행 현장에서 발각된 죄인을 용서하는 것은 하나님의 품성의 거룩성과 모순되는 것이다.

3. 계속 회개치 않는 죄인들은 그리스도의 사명의 범위 밖에 있다.

그의 사명을 보라. "주 여호와의 신이 내게 임하셨으니 이는…나를 보내사 마음이 상한 자를 고치며"(사 61:1)라고 하였다. 그리스도는 임금과 구주시지만 사람들이 회개하건 안하건 무조건적인 방식으로 구원하는 구주는 아니시다. 그리스도께서 혹 사람들을 하늘나라로 데려가신다 할지라도 이것은 지옥문을 통해서 하실 것이다. "이스라엘로 회개케 하사 죄 사함을 얻게 하시려고 그를 오른손으로 높이사 임금과 구주를 삼으셨느니라"(행 5:31)라고 하였다. 마치 왕이 반역자들이 회개하고 자기들의 군주의 자비를 바라고 투항하면 용서해 주고, 만일 공공연히 도전하기를 끝까지 고집하면 용서하지 않는 것과 같은 것이다.

4. 우리는 죄로 하나님께 해를 끼쳐 드렸다.

우리가 회개해야 된다는 이 점에는 많은 형평성이 들어 있다. 우리는 죄를 지어 하나님께 해를 끼쳤으며, 우리는 그의 영광을 가렸었다. 우리는 그의 법을 위반하였으며, 따라서 우리는 그에게 마땅히 어떤 보상을 해드려야 한다. 회개함으로써 우리는 죄에 대해 우리 자신을 낮추고 또 우리 자신을 심판한다. 만일 하나님이 우리를 멸망시킨다 하더라도 우리는 하나님의 의로우심을 인정하며, 이렇게 해서 우리는 하나님께 영광을 돌리고 그의 명예를 보상할 우리 책임을 이행하는 것이다.

5. 만일 하나님께서 사람들이 회개하지 않아도 무차별적으로 구원하신다면 이 규칙에 준해서 하나님은 모든 사람을 구원하셔야 한다.

즉 옛날 오리겐이 주장한 바와 같이 인간들 뿐 아니라 마귀까지도 구원하셔야 하며, 따라서 결과적으로 택함과 유기의 법령은 땅에 떨어질 수밖에 없다. 이것이 얼마나 성경 말씀에 정면으로 배치되는가를 모든 사람은 판단해 보라.

다른 사람들보다도 회개하기가 더 어려운 두 종류의 사람들이 있다.

첫째는 하나님의 정례의식에 오랜 기간 참석했으면서도 더 낫게 성장하지 못하는 사람들이다. 비를 흡수하는 땅임에도 불구하고 "가시와 엉겅퀴를 내면 버림을 당하고 저주함에 가까와"(히 6:8)라고 하였다. 불 속에 오랫동안 넣어두었지만 녹지도 않고 정제되지도 않는 금속은 별 희망이 없다. 하나님은 그의 성직자들을 잇달아 보내면서 사람들을 그들의 죄에서 떠나도록 권고하시고 설득시키시지만, 그들은 형식주의의 찌꺼기에 안주하여 설교를 들으며 앉아서 잠을 잔다. 그리할 때 이들이 행여나 회개하기에 이른다는 것은 어려울 것이다. 그들은 전에 그리스도께서 무화과나무에게 "이제부터 영원토록 네게 열매가 맺지 못하리라"(마 21:19)고 말씀하셨듯 자기들에게도 말씀하실까 우려해야 할 것이다.

둘째는 말씀의 확신, 양심의 억제 그리고 성령의 감동에 거슬러서 자주 죄지은 사람들이다. 양심은 그 손에 화염검을 든 천사처럼 서 있었다. 양심은 이 큰 악을 범치 말라고 말해 왔지만, 죄인들은 양심의 소리에 아랑곳하지 않고 마귀의 깃발 아래 결연히 전진하는 것이다. 이들은 회개하기가 쉽지 않음을 발견할 것이니, "광명을 배반하는 사람들은 이러하니 그들은 광명의 길을 알지 못하며"(욥 24:13)라고 하였다. 빛의 결핍 때문에 죄짓는 것과 빛에 역행하여 죄짓는 것은 전혀 별개의 일이다. 여기서 용서받지 못할 죄가 발생하는 것이다. 사람들은 양심의 빛에 역행하여 죄짓기 시작한다. 그리고는 은혜의 성령을 멸시하는 데까지 서서히 진행한다.

6. 하나님께서는 회개치 않는 자들을 질책하신다.

하나님은 그 마음이 바위를 깎아 만든 것 같고, 비유 속에 나오는 물기 없는 돌투성이 땅 같은 모든 회개치 않는 죄인들을 호되게 꾸짖으신다. 이 병은 유행성일까 두려우니, "그 악을 뉘우쳐서 나의 행한 것이 무엇인고 말하는 자가 없고"(렘 8:6)라고 하였다. 사람들의 마음은 대리석으로 만든 듯 단단해져서 "그 마음을 금강석

같게 하여"(슥 7:12)라고 하였다. 그들은 조금도 녹아지거나 참회하는 마음가짐이 되지 않는다. 마녀들은 절대 울지 않는다는 것이 일반적인 견해이다. 죄에 대한 아무 슬픔도 없는 사람들은 영적으로 사탄에게 홀린 것에 틀림없을 것이다. 그리스도께서 예루살렘에 오셨을 때 그가 "고을들이 회개치 아니하므로 그 때에 책망하시되"(마 11:20)라고 하신 것을 우리는 성경에서 읽게 된다. 하물며 오늘날 많은 사람들이 회개치 않음을 책망하시지 않겠는가? 이처럼 하나님은 사람들의 죄로 상심하시건만 사람들의 마음은 상하지 않는다. 그들은 이스라엘이 말한 것처럼 "내가 이방 신을 사랑하였은즉 그를 따라가겠노라"(렘 2:25)고 말한다. 하나님의 공의는 천사같이 그 손에 뽑은 칼을 들고 서서 칠 준비가 되어 있건만 죄인들은 발람의 당나귀만큼도 칼을 알아볼 만한 좋은 눈을 가지지 못하였다.

하나님은 사람들의 등을 때리시건만 그들은 에브라임이 했듯 자기들의 볼기를 치지도 않는다(렘 31:19). 선지자가 터뜨린 슬픈 탄식은 "주께서 그들을 치셨을지라도 그들이 아픈 줄을 알지 못하며"(렘 5:3)라는 것이었다. 용광로 속에서도 단단하게 수축되기만 하는 것은 분명히 버림받은 은그릇이다. "이 아하스 왕이 곤고할 때에 더욱 여호와께 범죄하여"(대하 28:22)라고 하였다. 완강한 마음은 사탄의 그릇이다. 하나님이 거하시는 두 장소가 하늘나라와 겸손한 마음인 것처럼, 마귀가 거하는 두 장소는 지옥과 완강한 마음이다. 익사케 하는 것은 물 속으로 빠지는 것이 아니라 물 속에 누워 있는 것이다. 지옥 저주를 받는 것은 죄 속에 빠지는 것이 아니라 죄 속에 회개하지 않고 누워 있는 것이니, "자기 양심이 화인 맞아서"(딤전 4:2)라고 하였다. 마음의 완강함은 마침내 양심에 화인 맞는 것으로 끝난다. 사람들은 자기들의 양심을 침묵시켰고, 하나님은 그들에게 화인을 치셨다. 그리고 이제 하나님은 그들로 죄짓게 놔두시고 처벌하지도 않으시니, "너희가 어찌하여 매를 더 맞으려고 더욱더욱 패역하느냐"(사 1:5)라고 하였다. 마치 아버지가 상속권을 빼앗겠다 작정한 자식에 대해 교정하는 것을 중지하는 것과 같은 것이다.

6
회개를 촉구하는 엄숙한 권고

본 장에서는 회개라는 중대한 의무에 관해 당신을 설득시키고자 한다. 슬픔은 죄 이외에는 아무 데도 쓸데없다. 만일 당신이 외부적인 손실 때문에 눈물을 흘린다면 이것은 당신을 이롭게 하지 못할 것이다. 정원에 뿌릴 물을 시궁창에 쏟아버린다면 아무 유익이 없는 것이다. 눈에 넣는 가루약을 팔에다 바른다면 아무 유익이 없다. 슬픔은 영혼을 위해 치유력이 있지만 만일 당신이 이것을 세상적인 일에 쓴다면 아무 유익이 없다. 우리의 눈물이 올바른 방면으로 흘렀으면, 그리고 우리 마음이 죄에 대한 슬픔으로 터질 듯했으면 좋으련만!

더욱 효과 있게 이런 권고를 촉구하기 위해 나는 회개가 필수적이며, 또 이것은 모든 사람에 대해, 그리고 모든 죄에 대해 필수적이라는 것을 당신에게 설명하고자 한다.

1. 회개는 필수적이다.

회개가 필수적임은 "너희도 만일 회개치 아니하면 다 이와 같이 망하리라"(눅 13:5)고 하였기 때문이다. 회개하는 눈물의 강물 위에서가 아니면 낙원으로 노 저어갈 길이 없다. 회개는 하나의 자격으로서 요구된다. 회개는 우리가 그리스도께 사랑받게 하기 위함이라기보다 오히려 그리스도가 우리에게 사랑받으시게 하기 위한 것이다. 죄의 쓴맛을 알기 전까지는 그리스도의 단맛을 알지 못할 것이다.

2. 회개는 모든 사람들에게 필수적이다.

이처럼 하나님은 모든 사람들에게 명령하시기를 "이제는 어디든지 사람을 다 명하사 회개하라 하셨으니"(행 17:30)라고 하였다.

첫째로 이것은 높은 사람들에게 필수적이다. "너는 왕과 왕후에게 고하기를 스스로 낮추어 앉으라"(렘 13:18)고 하였다 니느웨의 왕과 귀족들은 조복을 굵은 베로 갈아입었다(욘 3:6). 높은 사람들의 죄는 다른 사람들의 죄보다 더 많은 해를 끼친다. 지도자들의 죄는 선도적인 죄이며, 따라서 모든 다른 사람들보다 자기들이 먼저 회개할 필요가 있다. 만일 권력을 잡고 있는 그런 사람들이 회개하지 않는다면 하나님은 그들을 심판하실 한 날과 그들을 사르실 한 불을 이미 지정해 놓으신 것이다(사 30:33).

둘째로 회개는 나라 안의 극악무도한 죄인들에게 필수적이다. 잉글랜드는 엄숙한 회개로 애통하며 겸손해질 필요가 있다. 영국 국민은 우는 것을 가장 잘한다고 하지 않았던가(*Anglice gens est optima flens*)! 끔찍한 불경건죄로 이 나라는 기소되어 마땅하다. 매일같이 사람들이 사탄의 명부에 시달리고 있으며 종교의 둑 뿐만 아니라 교양의 둑마저도 무너져 내리고 있다. 사람들은 옛날의 유대인들처럼 누가 가장 극악한 자인가 경쟁이라도 하는 것 같다. 그 때 "너의 더러운 중에 음란이 하나이라"(겔 24:13)고 하였다. 만일 욕설과 술취함이, 만일 위증과 사치가 백성을 유죄로 만든다면, 잉글랜드는 전과자 명부에 들어 있을까 두려워해야 할 것이다. 사람들은 세례 때의 자기들의 서약을 취소해 버리고 마귀와 더불어 사적인 계약을 맺었다. 그들을 긍휼히 여기사 구원하도록 부르짖지는 않고 오히려 "저들에게 지옥 저주들 내리소서"라고 부르짖는다. 마치 사람들이 제 시간에 거기에 도달하기를 단념하는 것 같은 그런 지옥행 승마장 출발점은 결코 없었다. 어떤 이들은 음행과 피흘림의 죄책을 지닌 채 죽었다는 것이 알려지지 않았는가? 또 다른 이들은 자기들이 얼마나 많은 사람들을 주색에 빠지게 하였는지를 자랑했다는 말도 있지 않았던가? 이와 같이 "그들의 안색이 스스로 증거하며 그 죄를 발표하고 숨기지 아니함이 소돔과 같으니"(사 3:9)라고 하였다. 사람들의 죄가 점점 대담무쌍해져 가고 있음이 마치 반항의 깃발을 내걸고 하늘나라에 대해 일제공격을 가하기라도 하는 것 같고, 마치 천둥칠 때 한 덩어리로 모여서 하늘을 향해 활을 쏘아대는 트라키아인들과도 같은 것이다.

영국의 죄인들은 하나님에게 도전장을 보내기까지 하니, "이는 그 손을 들어 하나님을 대적하며 교만하여 전능자를 배반함이니라 그는 목을 굳게 하고 두터운 방패로 하나님을 치려고 달려가나니"(욥 15:25-26)라고 하였다. 둥근 방패에 나 있는 돌기장식들은 전쟁에서 공격용으로 쓰인다. 하나님의 계율과 경고의 말씀은 말하자면 하나님이 사람들의 악함을 저지하려고 사용하시는 그의 둥근 방패의 두터운 돌기장식들이다. 그러나 그들은 아랑곳하지 않고 죄짓는 데 필사적이며 하나님의 둥근 방패의 돌기장식을 향해 저돌적으로 돌진한다. 얼마나 극도에 달하도록 죄가 끓어오르고 있는가! 사람들은 오히려 뻔뻔스럽지 못한 것을 부끄럽게 여기고 있다. 요세푸스(1세기의 유대인 역사가)가 유대인들에게 관하여 말한 것이 우리에게도 해당되지 않겠는가! 그 당시에는 극악한 죄악들이 너무나 지나쳤었기 때문에, 만일 로마인들이 와서 그들의 도성을 포위하지 않았었다 하더라도 예루살렘은 지진으로 궤멸되어버렸든지, 아니면 홍수로 물에 잠겨버렸든지, 아니면 하늘에서 불이 내려와 불타버렸든지 하였을 것이다. 그렇다면 지금 이 나라는 그 통치권 안에 그토록 많은 나쁜 괴질이 만연하고 있으니, 약을 복용할 차례가 되어 회개의 알약을 먹어야 할 적시가 아닌가? 잉글랜드는 두 대양 곧 물의 대양과 죄악의 대양으로 둘러싸여 있는 섬이다. 아아, 이 나라가 셋째 번 대양 곧 회개하는 눈물의 대양으로 둘러싸였으면 좋으련만!

율법책이 우연히 땅에 떨어지면 유대인들은 이내 금식을 선포하는 관습이 있다. 잉글랜드는 율법도 복음도 다 땅에 떨어뜨렸으니 주님 앞에 금식하며 애통할 필요가 있다. 하지만 죄악의 에바가 가득 찬 것 같고, 죄가 그렇게 신속히 가득 찰 때 오히려 눈물이 빨리 메마른다. 왜 모든 얼굴들이 창백하게 되어 눈살을 찌푸리지 않는가? 왜 회개의 우물이 말랐는가? 이 땅의 죄인들은 회개해야 된다는 것을 모르는가? 그들은 경고도 받지 못했는가? 하나님의 충성스런 사자들이 나팔처럼 목소리를 높여 그들에게 회개하라 외치지 아니하였었던가? 그러나 성직활동의 이런 많은 수단들은 이미 바위같이 단단한 마음을 위해 소모되어 버렸고 이젠 지쳐버렸다. 그 많은 설교가들이 사람들에게 회개를 촉구하는 불을 밝혔듯 하나님은 하늘에서 이상한 혜성들을 밝히지 않으셨던가? 그러나 여전히 그들은 찌끼같이 가라앉아 있지 않은가(습 1:12)? 하나님께서 우리의 무례한 짓을 항상 참으실 것이라고 생각하는가? 그는 이토록 그의 이름과 영광이 짓밟히는 것을 견뎌내실까? 주님은 일반적으로 자칭 신자들의 죄에 대한 재판소송 절차에 언제나 더욱 신속하셨다. 물론 하나님은 특전을 내려 이 땅의 형 집행을 잠시 연기하실 수 있다. 하지만 회개하지 않는데도 이 땅을 구원하신다면 그는 자기의 정로에서 벗어나셔야 한다.

나는 그러므로 브래드퍼드(John Bradford, 메리 여왕에게 순교당한 종교개혁자)와 같이 "회개하라, 오 잉글랜드여!"라고 말하겠다. 당신은 죄의 문둥병자가 되었으며, 따라서 당신은 반드시 영적 요단강에

가 씻지 않으면 안 된다. 당신은 당신을 향한 하나님의 노여움을 격발시켰다. 당신의 무기를 던져버리고 당신의 거룩한 눈물의 급수 기관을 가져와, 그리스도의 피 안에서 하나님이 진정받으시게 하라. 당신의 눈물을 흐르게 하고 하나님의 저주의 두루마리는 날아가게 하라(슥 5:2). 사람들이 돌이켜야 하든가(turn), 그렇지 않으면 하나님이 전복시키실(overturn) 것이다. 그들의 마음의 묵혀둔 땅이 일궈져야 하든가(broken up), 그렇지 않으면 그 땅이 무너져 내릴(broken down) 것이다. 무슨 말을 해도 죄인들에게 먹혀들지 않는다면 이것은 하나님이 그들을 죽이려는 계획을 가지셨기 때문이다(삼상 2:25). 로마인들 가운데서는 중죄를 지어 물 사용을 금지당한 사람은 유죄판정을 받은 사람이라고 결론지어졌었다. 이와 같이 엄청난 죄로 이제껏 하늘의 하나님을 너무나 노여우시게 한 나머지 하나님이 그들에게 회개의 물을 주지 않게 된 자들은 자신들을 지옥 저주받은 자들로 간주해도 되는 것이다.

셋째로 회개는 속임수 쓰는 패거리에게 필수적이다. "저희 궤사는 허무함이니이다"(시 119:118)라고 하였고, "악을 행하기에는 지각이 있으나"(렘 4:22)라고 하였다. 그들은 자기들의 창작력을 오직 속이는 데만 이용한다. 믿음으로 살아가기는커녕 자기들의 속임수로 살아간다. 이들이 스스로 가난해짐은 이런 술책으로 부하게 되려 하기 때문이다. 독자들은 나의 말을 오해하지 않기 바란다. 나는 하나님의 섭리에 의해 낮추어진, 즉 그들의 재산은 파산했지만 그들의 정직성은 파산하지 않은 그런 사람들을 말하는 것이 아니라,

그들의 채권자들을 속이기 위하여 파탄을 가장하는 사람들을 두고 하는 말이다. 다른 사람들이 장사함으로써 벌 수 있는 것보다 파산함으로써 더 많이 버는 어떤 사람들이 있다. 이들은 자선심을 움직이려고 자기들 팔을 변색시키고 물집이 생기게 하는 거지들과 같다. 저들이 자기들의 상처를 가지고 먹고 살 듯, 이들은 자기들의 파산으로 먹고 산다. 서리가 녹으면 길거리는 더욱 물로 흥건해진다. 이와 마찬가지로 많은 상인들은 파산하면 돈이 더 많아진다. 이들은 무일푼인 것처럼 굴지만 이 무일푼에서 큰 재산이 만들어지는 것이다. 기억하라. 하늘나라는 힘으로(by force) 빼앗는 것이지 속임수로 빼앗는 것이 아니다. 이 황금 뇌물을 따라서 마귀가 등장한다는 것을 알아두라. 그들은 자기들의 재산 속에다 저주를 우겨넣는다. 그들은 속히 회개하지 않으면 안 된다. 비록 거짓으로 얻은 빵은 맛이 좋다지만(잠 20:17) 많은 사람이 그들의 맛있게 먹은 음식물을 지옥에서 토해낸다.

넷째로 회개는 교양인들에게 필수적이다. 이들은 보이는 오점을 몸에 지니고 있지는 않다. 그들에게는 엄청난 죄가 없어 보인다. 따라서 사람들은 그들이 회개할 일과는 아무 관계가 없다고 생각할 것이다. 그들은 너무나 선량해서 긍휼의 찬미를 비웃을 정도다. 하지만 실상은 어떠한가? 이들은 흔히 최악의 상태에 있는 자들이다. 그들의 교양이 그들을 망쳐놓은 것이다. 그들은 교양을 그리스도로 삼으며, 그리고 나서는 이 암초에 걸려 파선을 당한다. 도덕성은 하늘나라에 못 미치며, 이것은 오직 세련된 성품일 뿐 도덕적인 인간은 다만 좋은 옷을 입고 있는 옛 아담일 따름이다. 놋쇠에다 위조해 찍어놓은 왕의 형상은 돈으로 통용되지 못할 것이다. 교양인은 하나님의 형상을 가지고 있는 듯하지만, 그는 결코 화폐로 통용될 수 없는 놋쇠일 뿐이다. 교양은 구원을 위해 충족하지 못하다. 비록 생활은 도덕화되더라도 육욕은 억제되지 않을 수 있으며, 마음은 교만과 무신론으로 가득 찰 수 있는 것이다. 예쁜 나뭇잎 밑에는 벌레가 있을 수 있다. 내가 말하는 것은 당신의 교양을 회개하라는 것이 아니라 당신이 단지 교양에 지나지 못함을 회개하라는 말이다. 사탄은 방금 청소되고 가꾸어진 집에 들어갔다(눅 11:26). 이것은 교양으로 청소되고 보통 은사로 장식되었지만 참다운 회개로 씻기지 않은 도덕적 인간의 표상이다. 더러운 영은 바로 그러한 사람에게 들어간다. 만일 교양이 구원에 충족한다면 그리스도는 죽으실 필요가 없다. 교양인은 아담한 등불을 가졌지만 은혜의 기름이 결여되어 있는 것이다.

다섯째로 회개는 위선자들에게 필요하다. 이는 죄에 몰두하는 그런 사람들을 가리켜 말하는 것이다. 위선은 성결을 위장하는 것이며, 위선자 또는 무대 연기자는 도덕가보다 한 술 더 떠 종교의 의상으로 몸치장을 하고 있다. 그는 경건의 형식은 자처하지만 능력은 부인한다(딤후 3:5). 위선자는 장난조로 성도된 자이며, 법복이나 황제복을 차려입은 원숭이처럼 굉장한 쇼를 연출한다. 위선자는 아름다운 외관을 가진 집 같지만 모든 방안은 어둡다. 그는 아름답게 금박을 입힌 썩은 기둥이며, 신앙고백의 가면 밑에 자기의 상처를 감춘다. 위선자는 얼굴을 화장하는 것은 반대하지만 거룩을 꾸미는 화장을 한다. 그는 겉으로 선하기 때문에 정말로 악할 수가 있다. 즉 그는 사무엘의 외투를 입고 마귀 역할을 하는 것이다. 위선이라는 단어는 원어로 불경스러움을 의미한다. 위선자는 그의 눈을 하늘나라에 못박아 놓고 있는 것 같으나 그의 마음은 불순한 육욕으로 가득 차 있다. 그는 그의 양심에 역행하여 비밀한 죄 가운데 살아간다. 그는 자기의 일행처럼 될 수 있으며 그래서 비둘기와 독수리 양면으로 행동할 수 있다. 그는 말씀을 듣지만 오로지 귀뿐이다. 그는 교회 헌신에 열심하며 그 점에서 다른 사람들이 그를 바라보고 그를 칭찬하지만, 가정과 골방기도를 등한시한다. 정말이지 만일 기도가 그를 죄에서 떠나게 하지 않는다면 죄가 그를 기도에서 떠나게 할 것이다. 위선자는 겸손을 가장하지만 이것은 세상에서 출세하기 위하여서다. 그는 믿음을 자처하는 자이지만 그는 믿음을 방패로 삼기보다 오히려 가면으로 삼아 이용한다. 그는 옆구리에 성경책을 끼고 다니지만 자기 마음속에는 말씀을 담아두지 않는다. 그의 종교성 전체는 점잔빼는 거짓말이다(호 11:12).

오늘날에도 그러한 사람들을 찾기란 어렵지 않다. 우리는 주님께 그들의 거룩을 용서해 달라고 기도해야 한다. 위선자들은 "악독이 가득하며"(행 8:23)라고 하였다. 얼마나 그들은 티끌에 앉아 스스로를 낮출 필요가 있는가! 그들의 부패는 깊이 진전되어 있으며, 만일 그들을 치료할 수 있는 것이 있다면 그것은 회개의 소금 습지를 먹고 사는 것임에 틀림없다.

 나의 생각을 거리낌 없이 말해보고자 한다. 아무도 위선자보다 더 회개하기 어려운 것을 찾아보지 못할 것이다. 그들은 신앙적으로 너무나 속임수를 썼기 때문에 그들의 불충한 마음은 어떻게 하면 회개할지를 알지 못한다. 위선은 정신착란보다 더 치료하기 어렵고 위선자의 마음속에 있는 종양은 잘 터지지 않는다. 만일 너무 늦지 않았거든 지금이라도 하나님께 긍휼을 구하라.

 위선의 죄책이 지배적인 자들은 두려워하며 떨기 바란다. 그러한 자들의 상태는 죄스럽고 가련하다. 이것이 죄스럽다 함은 그들이 신앙을 선택적으로 받아들이는 것이 아니라 속셈이 있어 받아들이기 때문이다. 그들은 종교를 사랑하는 게 아니라 다만 색칠할 뿐이다. 이것이 가련하다 함은 두 가지 이유에서다. 먼저 이런 사기술은 오래 지속할 수 없기 때문이다. 간판을 내걸면서도 그의 마음속에 은혜의 상품을 가지지 않은 사람은 마침내 파산할 수밖에 없다. 또한 하나님의 노여움은 위선자에게 더 혹독하게 내릴 것이기 때문이다. 그들은 더 많이 하나님의 명예를 잃게 하며 복음의 선한 이름을 빼앗아 버린다. 그러므로 주님은 그들을 향해 쏘실 가장 치명적인 화살을 자기의 화살통에 준비해 놓으신다. 만일 이교도들이 지옥 저주를 받을진대 위선자들은 두 배의 지옥 저주를 받을 것이다. 지옥은 위선자들의 장소라 일컬어진다(마 24:51). 마치 지옥이 주로 그들을 위해 예비되어 있고 또 무조건적 상속재산으로 그들에게 양도되도록 예정된 듯싶은 것이다.

여섯째로 회개는 하나님의 친 백성, 참다운 은혜의 역사를 이루는 참 이스라엘인들에게 필수적이다. 그들은 매일 눈물의 제사를 드려야 한다. 반 율법주의자들(antinomians)은 누구든지 신자가 죄면 안락을 보장하는 명령서를 받게 되고, 따라서 그들은 이제 즐거워하는 일 외에 아무 할 일이 남아 있지 않다고 주장한다. 그렇지만 그들은 뭔가 다른 할 일도 있으며 그것은 곧 회개하는 것이다. 회개는 계속적인 행동이며, 경건한 슬픔의 유출은 죽을 때까지 멈추어서는 안 된다. 제롬은 라이타(Laeta)에게 보내는 편지에 쓰기를 그녀의 생활이 회개의 생활이어야 한다고 말하고 있다. 회개는 육체를 십자가에 못박는 것이라 불리우며(갈 5:24), 이것은 돌연히 이루어지는 것이 아니고 서서히 이루어지며, 평생 이루어질 것이다.

하나님의 친 백성인데도 왜 눈물의 욕조 속에 들어가야 하는지에 대해 많은 이유가 있지 않은가? "너희는 너희 하나님 여호와께 범죄함이 없느냐"(대하 28:10)라고 하였다. 당신은 매일같이 죄의 침입을 받지 않는가? 설혹 당신이 다이아몬드라 할지라도 당신은 아무 흠이 없는가? 우리는 "하나님의 자녀가 아니요 흠이 있는 사곡한 종류로다"(신 32:5)라고 한 말씀을 읽어보지 못하였는가? 말씀의 촛대를 가지고 당신의 마음속을 조사해서 혹시 거기서 아무 회개거리도 찾아낼 수 없을지 살펴보라. 과연 우리는 무엇을 회개해야 하는가?

(1) 당신의 경솔한 비난을 회개하라.

우리는 다른 사람들을 위해 기도하기는커녕 그들을 판단하기를 잘한다. 성도들이 세상을 판단할 것이라는 것은 사실이지만(고전 6:2) 당신의 판단 시간을 유예하고, 고린도전서 4:5의 말씀 "때가 이르기 전 곧 주께서 오시기까지 아무것도 판단치 말라"에 나타난 사도의 경고를 기억하라.

(2) 당신의 헛된 생각을 회개하라.

파리들이 바로의 궁중에 우글거렸던 것처럼 헛된 생각들이 당신의 마음속에 우글거린다(출 8:24). 상상 속에는 얼마나 당혹케 하는 것들이 있는가! 만일 사탄이 당신의 몸을 점령하지 못하면 그는 당신의 공상을 점령한다. "네 악한 생각이 네 속에 얼마나 오래 머물겠느냐"(렘 4:14)라고 하였다. 사람은 생각의 결과로 지옥에 빠질 수도 있다. 아아, 성도들이여, 당신 머리 속의 이 경박함으로 인해 낮아지라.

(3) 당신의 헛된 유행을 회개하라.

하나님이 수치를 가리라고 주신 의복이 교만을 드러낸다는 것이 이상하기만 하다. 경건한 자는 이 세상을 본받지 말라는 명을 받았다(롬 12:2). 세상 백성들은 그 복장이 지나치게 야하고 경박하다. 지옥으로 가는 것이 요즈음에는 유행되고 있지만, 다른 사람들이 무슨 짓을 하든지 유다는 범죄하지 말도록 하라(호 4:15). 사도 바울은 그리스도인들이 무슨 겉옷을 입어야 하는가를 적어놓았는데 "아담한 옷"(딤전 2:9)이라고 하였으며, 또 무슨 속옷을 입어야 하는가는 "겸손으로 허리를 동이라"(딤전 5:5)고 하였다.

(4) 당신의 은혜 소멸시킴을 회개하라.

"너의 처음 사랑을 버렸느니라"(계 2:4)고 하였다. 그리스도인들이여, 당신들의 영혼이 얼마나 자주 부진상태에 빠지는가? 얼마나 자주 당신의 냉랭한 기분이 당신을 엄습하는가? 이전에 당신이 가졌던 저들 사랑의 불꽃, 저들 아름다운 영적 감동들이 다 어디 갔는가? 그것들이 녹아 없어졌나 우려된다. 아아, 당신의 처음 사랑을 버렸다는 것을 회개하라!

(5) 당신의 달란트가 증대되지 않았음을 회개하라.

건강도 달란트이고 재산도 달란트이고 재능과 자질도 달란트인데, 하나님은 이것들을 그의 영광을 위하여 증대시키라고 당신에게 맡기셨다. 그가 당신을 세상에 보내신 것은 상인이 그의 대리인을 해외로 보내어 자기 주인의 이익을 위해 장사하게 하려는 것과 같지만, 당신은 할 만한 선한 일을 하지 않았던 것이다. 당신은 "주여 주의 한 므나로 다섯 므나를 만들었나이다"(눅 19:18)라고 말할 수 있는가? 아아 당신의 달란트의 매장지에서 애도하라! 당신의 그 숱한 세월은 생활한 시간이 아니라 상실한 시간이라는 것, 당신은 당신의 황금 시간대를 영적으로보다는 하찮은 생각으로 채

워왔다는 것으로 비탄에 잠기라.

(6) 당신의 거룩한 서원을 잊은 건망증을 회개하라.

서원은 사람의 영혼을 하나님께 매어 놓는다(민 30:2). 그리스도인들이여, 당신들은 하나님께 매인 후부터 지금까지 당신의 고용계약서를 몰수당하지는 않았는가? 당신은 엄숙한 봉헌식에 의해 주님의 것이 된 이후 속된 용도를 위해 봉사해 오지 않았는가? 이와 같이 서원을 깨뜨림으로 당신은 당신의 평화를 깨뜨린 것이다. 분명히 이것은 새 물통의 눈물을 요구하는 것이다.

(7) 받은 축복에 대한 당신의 무책임을 회개하라.

당신은 평생을 관대한 구명의 용서를 받아 살아왔고, 당신은 값없는 은혜의 비축분을 다 써버렸다. 당신은 긍휼의 기적을 힘입었건만, 당신의 하나님께 대한 사랑의 보답은 어디에 있는가? 아테네인들은 은혜를 모르는 사람들을 법에 고소하는 습관이 있었다. 그리스도인들이여, 하나님이 당신의 감사할 줄 모름에 대해 법에 고소하지 않으실까? "또 저희 벌거벗은 몸을 가리울 내 양털과 내 삼을 빼앗으리라"(호 2:9)고 하였으니, 법에 따라 그것들을 회수하시리라는 것이다.

(8) 당신의 세속적인 것을 회개하라.

당신의 신앙고백으로 당신은 하늘 높이 날아오르며 하늘 이슬을 먹고 사는 낙원의 새들을 닮은 것처럼 보인다. 그럼에도 불구하고 당신은 뱀처럼 티끌을 핥고 있다. 바룩은 선한 사람이지만 "네가 너를 위하여 대사를 경영하느냐"(렘 45:5)라고 책망받았다.

(9) 당신의 분열행각을 회개하라.

이런 것은 당신의 겉옷의 오점으로서 다른 사람들로 하여금 종교에서 멀어지게 한다. 실로 악한 자로부터 분리하는 것은 "죄인에게서 떠나 계시고"(히 7:26)라 하신 그리스도를 닮는 것이지만, 신앙인들이 저희들끼리 분열하여 서로 흘겨보니, 우리가 하늘의 별들만큼 많은 눈을 가졌던들 이를 두고 울기에는 부족할 것이다. 분열은 교회의 아름다움을 무색하게 하고 교회의 힘을 약화시킨다. 하나님의 성령은 성도들 사이에 갈라진 혀를 가져다주셨지만(행 2:3) 마귀는 갈라진 마음을 가져다주었다. 분명히 이는 눈물의 소나기를 흘려 마땅한 일이다.

그런 것을 말하는 자가	*Quis talia fando*
눈물을 삼킬 수 있을까?	*Temperet a lachrymis?*

(10) 당신의 거룩한 것들에 대한 불법을 회개하라.

얼마나 자주 하나님께 드리는 예배가 형식주의로 굳어졌으며 교만으로 비뚤어졌었는가? 비둘기의 신음소리보다는 공작새의 깃털 장식이 더 많았다. 언제나 종교의 직무가 자만심의 활동무대로 삼아진다는 것은 슬픈 일이다. 그리스도인들이여, 당신의 직무에는 너무나 두꺼운 껍질이 덮여 있어 그 속에 하나님이 드실 살이 조금도 남아 있지 않을까 두려운 일이다.

여기서 가장 잘 짜여진 회개의 사역을 보라. 비탄의 밀물을 더 높이 불어나게 할 수 있는 것은 하나님의 백성의 죄가 다른 사람들의 죄보다 더 하나님을 노여우시게 한다고 생각하는 것이다(신 32:19). 악한 자의 죄는 그리스도의 옆구리를 찌르고, 경건한 자의 죄는 그리스도의 마음을 찌른다. 베드로의 죄는 그토록 큰 사랑에 역행하였으니 너무나 매몰찬 짓이었고, 이것이 그의 뺨에 눈물 고랑을 이루게 했다. 그래서 그는 "기억되어 생각하고 울었더라"(막 14:72)고 하였다.

3. 회개는 모든 죄에 대해 필수적이다.

우리는 원죄에 대해 주님 앞에 철저히 낮아지며 애통하자. 우리는 이전에 우리가 가졌던 저 순수한 영혼의 본질적인 상태를 잃어버렸고, 우리의 성품은 부패로 오염되었다. 원죄가 전인 속에 독처럼 확산되었음이, 마치 어디에 심더라도 곧 땅을 덮어버리는 예루살렘의 엉겅퀴와 같다. 지옥에도 우리가 가지고 있는 성품보다 더 악한 성품은 없다. 가장 선한 자의 마음도, 수많은 부정한 기어다기는 것들이 담겨져 있었던 베드로의 보자기와 같다(행 10:12). 이 원죄적인 부패는 결코 이에서 우리가 헤어나지 못하기 때문에 비통하게 슬퍼해야 하는 것이다. 이것은 보이지는 않으면서도 여전히 흐르고 있는 지하의 샘물과 같다. 죄의 충동을 멈추기보다는 차라리 맥박의 고동을 멈추는 편이 더 나을 것이다.

이런 타고난 부패는 영적인 면에서 우리를 지체시키고 방해하므로, "내가 원하는 바 선은 하지 아니하고"(롬 7:19)라고 하였다. 원죄는 플리니우스(주후 1세기 로마의 박물학 저술가)가 말하는 물고기에 비유될 수 있는데, 이 물고기는 바다칠성장어로서 배의 용골에 엉겨 붙어 항해를 방해한다고 한다. 마찬가지로 죄는 우리에게 무거운 중량을 달아놓으므로 우리가 하늘나라로 움직이는 것을 더디게 한다. 아아, 이런 죄의 집착이여! 바울은 자기 손에 붙은 독사를 불속에 떨어버렸건만(행 28:5), 우리는 현세에서 원죄적인 부패를 떨어버리지 못한다. 죄는 하룻밤 숙박인으로서 오는 것이 아니라 내주자로서 오는 것이며, 그렇기에 "내 속에 거하는 죄니라"(롬 7:17)고 하였다. 죄에 대한 우리의 경우는 소모성 열병을 앓고 있는 사람의 경우와 같아서, 비록 그가 환기를 시킨다 하여도 여전히 그는 몸에 병을 지니고 있다. 원죄는 다함이 없으며, 설령 죄의 재고분을 다 써버린다 해도 조금도 감소되지 않는다. 우리는 죄를 더 지을수록 그만큼 더 죄로 충만해진다. 원죄적 부패는 따라 부을수록 늘어났던 과부의 기름과 같다.

우리의 마음을 상하게 하는 또 다른 쐐기는 원죄가 바로 은혜의 습관들과 섞인다는 것이다. 그러므로 하늘나라로 향한 우리의 행함이 몹시도 둔하고 지지부진하다는 것이다. 믿음이 감각으로 가로막혔기 때문이 아니고서야 어째서 더 강력히 행동하지 못하는가? 하나님께 대한 사랑이 육욕으로 방해를 받기 때문이 아니고서야 어째서 더 순수하게 타오르지 않는가? 원죄는 우리의 은혜와 혼합한다. 나쁜 폐가 천식이나 호흡 곤란을 일으키는 것처럼 원죄가 우리의 마음을 감염시켰기 때문에 우리의 은혜는 지금 매우 힘없이 호흡하는 것이다. 이렇게 우리는 원죄 속에 무엇이 우리의 눈물을 퍼내는지 알았다.

특별히 우리는 우리의 의지와 감정의 부패를 통탄하자. 우리의 의지의 부패에 대해 애통하자. 올바른 이성의 계율을 따르지 않는 의지는 악에 치우쳐 있다. 의지가 하나님을 싫어함은 그가 선하시기 때문이 아니라 그가 거룩하시기 때문이다. 이것은 불손하기 짝이 없게 하나님과 맞서므로, "우리 입에서 낸 모든 말을 정녕히 실행하여 우리의 본래 하던 것 곧 우리와 우리 선조와 우리 왕들과 우리 방백들이 유다 성읍들과 예루살렘 거리에서 하던 대로 하늘 여신에게 분향하고"(렘 44:17)라고 하였다. 가장 큰 상처가 우리의 의지에 나 있는 것이다.

우리는 우리의 정서가 일탈된 것을 한탄하자. 그것이 그 본래의 목적에서 벗어났다는 것이다. 정서는 화살처럼 과녁을 빗나간다. 처음 우리의 정서는 하나님께로 날아가는 날개이더니, 이제는 우리를 그에게서 끌어내리는 무거운 짐이 되었다.

우리는 우리의 정서적 성향으로 인해 한탄하자. 우리의 애정은 죄를 향해 있으며, 우리의 기쁨은 피조물을 향해 있다. 우리의 정서는 댕기물떼새(lapwing)처럼 똥을 먹고 산다. 우리의 정서적 질환은 우리의 비탄의 무대에서 한몫을 담당해 마땅하다. 우리는 우리 스스로 지옥으로 떨어지고 있으며, 우리의 정서가 우리를 그리로 밀어 넣으려 한다.

우리는 자범죄를 마음에 새기자. 이 죄에 대해서 나는 "자기 허물을 능히 깨달을 자 누구리오"(시 19:12)라고 말할 수 있다. 이 죄는 태양 속의 미분자와 같고 용광로의 불꽃과 같다. 우리는 눈으로 죄를 지었으니, 눈은 허영심을 불러들이는 창문이다. 우리는 혀로 죄를 지었으니, 혀는 격노로 불붙었었다. 다소간의 죄를 폭로시키지 않는 그 무슨 행동이 우리에게서 나갔던가? 이런 죄들을 계산하는 것은 대양의 물방울을 계산하려드는 것이 될 것이다. 자범죄를 주님 앞에서 엄숙히 회개하라.

7 회개의 강력한 동기들

본 장에서는 회개하라는 권고를 더욱 북돋우기 위하여 회개를 분기시킬 어떤 강력한 동기들을 진술하고자 한다.

1. 마음의 슬픔과 감동은 우리의 모든 거룩한 의무에 잘 어울린다.

한 조각의 납은 덩어리로 있는 동안은 아무데도 사용할 수 없지만 이것을 녹여보라. 그러면 이것을 어떤 모양으로든지 주조할 수 있으며, 쓸모 있게 만들 수 있다. 이와 같이 죄 덩어리로 굳어진 마음은 아무 짝에도 못 쓰지만 회개하여 녹아질 때 이것은 쓸모 있는 것이다. 녹는 마음은 기도하기에 적합하다. 바울의 마음이 겸손해지고 녹았을 때 "저가 기도하는 중이다"(행 9:11)라고 하였다. 녹는 마음은 말씀을 듣기에 적합하다. 마음이 녹을 때 말씀이 친절히 역사하는 것이다. 요시야는 마음이 연해졌을 때 율법의 말씀을 듣고 스스로 겸비하여 옷을 찢었다(대하 34:19). 그의 마음은 녹는 밀랍처럼 그 어떤 말씀의 도장도 받아들일 준비가 되어 있었던 것이다. 녹는 마음은 순종하기에 적합하다. 마음이 용광로 속에 있는 금속 같을 때 이것은 수월하고 무슨 모양으로든지 될 수 있어, "주여, 내가 무엇을 하기를 원하시나이까"(행 9:6, 흠정역본에서-역주)라고 말하는 것이다. 회개하는 영혼은 하나님의 의지에 찬성하고 그의 부르심에 응답한다. 마치 메아리가 음성에 응하듯이!

2. 회개는 귀하게 받으실 직하다.

영적인 강이 이 동산에 흘러 물을 공급할 때, 우리의 마음은 하나님께 즐거운 에덴동산이 된다. 비둘기들은 물 근처에 있기를 좋아한다는 것을 들은 적이 있다. 분명 비둘기 형체로 강림하셨던 하나님의 성령은 회개의 눈물을 크게 기뻐하신다. 주님은 튼튼한 마음보다 상한 마음을 존중하시니, "하나님의 구하시는 제사는 상한 심령이다"(시 51:17)라고 하였다. 마리아는 울면서 예수님의 발치에 서 있었다(눅 7:38). 그녀는 두 가지를 그리스도께 가져왔는데, 향유와 눈물이라고 어거스틴은 말했다. 그녀의 눈물은 그녀의 향유보다 더 값지었다. 눈물은 긍휼을 움직이는 설득력 있는 웅변가이며, 눈물은 말이 없지만 소리가 있어 "여호와께서 내 곡성을 들으셨도다"(시 6:8)라고 하였다.

3. 회개는 우리의 모든 봉사를 하나님께 상달케 한다.

경건한 슬픔의 쓴 나물로 조미한 것이 하나님께 향기로운 재물이 된다. 말씀을 듣는 것도 우리 마음이 찔릴 때 효과가 있다(행 2:37). 기도도 상한 마음의 제단으로부터 올라갈 때 하나님께 기쁨이 된다. 세리는 자기 가슴을 치면서 말하기를 "하나님이여 불쌍히 여기옵소서 나는 죄인이로소이다"라고 하였다. 이 기도가 하늘을 관통했으며 "이 사람이 저보다 의롭다 하심을 받고 집에 내려갔느니라"(눅 18:14)고 하였다. 죄의식으로 감동된 마음에서 우러나는 것이 아니고서는 아무 기도도 하나님의 귀를 감동시키지 못한다.

4. 회개 없이는 아무것도 우리에게 이롭지 못하다.

어떤 이들은 지식을 축적함으로써 스스로 행복하다고 생각하지만 회개 없는 지식이 무슨 쓸모가 있는가? 한 가지 죄를 극복하는 것이 모든 신비를 이해하는 것보다 더 낫다. 불순한 사변가들은 빛의 천사로 탈바꿈한 사탄을 닮을 따름이다. 학문과 아울러 나쁜 마음을 가진 것은 예쁜 얼굴과 아울러 가슴 속에 암을 가진 것과 같다. 회개 없는 지식은 사람들의 지옥 길을 밝혀주는 횃불에 지나지 않을 것이다.

5. 회개의 눈물은 향기롭다.

 회개는 맛은 쓰지만 향기로운 냄새를 가지고 정신을 상쾌하게 하는 향유에 비유될 수 있다. 이와 같이 회개는 비록 그 자체는 쓰라리지만 그 효과는 달콤한 것이다. 회개는 내면적인 평화를 가져온다. 영혼이 온화하게 녹아질 때보다 영혼이 더 확대되고 내면적으로 즐거워지는 때는 결코 없다. 알렉산더 대왕은 그의 네알쿠스 제독이 명대로 인도양을 답사하고 오랜 항해 끝에 무사히 돌아왔을 때 기뻐서 울었다. 성도들이 기쁨으로 울음을 터뜨리는 일이 얼마나 흔한가! '회개하다'에 해당하는 히브리 단어는 '위로를 얻다'라는 의미를 가지고 있다. 아무도 참회자만큼 그렇게 즐거울 수 없는 것이다! 눈물은 철학자가 언급하듯 4가지 성질을 가지고 있다. 즉 눈물은 물기가 있고 짜고 뜨겁고 쓰라리다. 회개하는 눈물에 대해서도 마찬가지다. 이 눈물은 뜨거워서 얼어붙은 양심을 따뜻하게 하며, 물기가 있어 완악한 마음을 부드럽게 하며, 짜서 죄로 썩어가는 영혼의 부패를 막아주며, 쓰라려서 세상 사랑으로부터 우리를 떼어놓는다. 그리고 여기에 다섯 번째 것을 추가시킨다면, 이것은 달콤해서 마음을 내면적으로 즐겁게 하니, "슬픔이 기쁨으로 변한다"(욥 41:22, 흠정역본에서-역주)라고 하였다. 어거스틴은 사람들에게 자기의 죄로 인해 슬퍼하고 자기의 슬픔으로 인해 기뻐하라고 말했다. 눈물은 가장 달콤한 사탕이다. 이스라엘의 위대한 우는 자였던 다윗은 이스라엘의 아름다운 노래하는 자였다. 참회자의 슬품은 산고를 겪는 여인의 슬픔과 같아서 "여자가 해산하게 되면 그 때가 이르렀으므로 근심하나 아이를 낳으면 세상에 사람 난 기쁨을 인하여 그 고통을 다시 기억지 아니하느니라"(요 16:21)고 하였다. 이와 같이 겸손해진 죄인의 슬픔은 은혜를 낳으니, 이 남자아이가 태어날 때 얼마나 큰 기쁨이 있는가!

6. 큰 죄도 회개하면 긍휼을 얻을 것이다.

큰 죄인이었던 막달라 마리아는 자기 눈물로 그리스도의 발을 씻었을 때 용서를 얻었다. 그리스도를 십자가에 못박는 데 관여했던 유대인들 중 어떤 이들에게는 회개하는 즉시 흘렸던 바로 그 피가 자기들을 치료하는 특효약이 되었다. 그래서 "너희 죄가 주홍 같을지라도 눈과 같이 희어질 것이요"(사 1:18)라고 하였던 것이다. 그리스어로 주홍은 '디밧손'(dibasson)이라 하는데, 이는 '두 번 담갔다' 라는 뜻으로, 사람의 기술로는 그 물감을 다시 씻어낼 수 없다는 뜻이다. 그러나 비록 우리의 죄가 주홍 같을지라도 하나님의 긍휼은 이것을 씻어버릴 수 있다. 이것은 자기들의 죄의 흉악성으로 인해 마치 자기들에게 아무 소망이 없는 듯 낙담하는 자들에게 위로가 될 수 있다. 그렇다. 그들이 진심으로 하나님께 돌이키기만 하면 그들의 죄는 말소되고 지워져 버릴 것이다.

아아, 그러나 나의 죄는 터무니없이 많으니 어떻게 하나? 회개하지 않음으로 그 죄를 더 크게 만들지 말라. 회개는 죄를 풀어버리고 마치 죄가 전혀 없었던 것처럼 만든다.

아아, 그러나 나는 용서받은 후 죄 속으로 되돌아갔으니 분명코 나에게는 긍휼이 없을 것이다! 노바티아누스파들(다시 타락한 자들에 대해 엄격했던 3세기의 극단적인 그리스도교파)은 타락 후에는 회개하여 새롭게 될 수 없다고 믿었던 것으로 알고 있는데, 그 견해는 확실히 잘못된 것이다. 하나님의 자녀들도 똑같은 죄에 다시 타락한 적이 있었다. 아브라함은 두 번 모호한 말을 하였으며, 룻은 두 번 근친상간을 범하였으며, 아사는 선한 왕이었지만 두 번이나 피조물을 신뢰하는 죄를 범했으며, 베드로도 육신적인 두려움에 두 번씩이나 죄를 지었다(마 26:70; 갈 2:12). 그러나 한 번 이상의 죄에 거듭 타락한 사람들을 위로하기 위해 할 말은, 그들이 만일 엄숙히 회개만 하면 긍휼의 흰 깃발이 그들에게 제시될 것이라는 것이다. 그리스도께서는 죄를 범하는 형제가 회개할 경우 하루에 일흔 번씩 일곱 번이라도 용서해 주라고 우리에게 명령하신다(마 18:22). 주님이 우리에게 그렇게 용서하라 명하실진대 하물며 우리가 회개할 때에야 더욱 기꺼이 용서하시지 않겠는가? 그의 용서하는 긍휼에 비하면 우리의 용서하는 긍휼은 얼마나 보잘것없는가? 내가 이것을 말하는 것은 어떤 참회하지 않는 죄인을 격려하기 위함이 아니라 자기는 회개해도 소용이 없고 자기는 긍휼에서 제외되었다고 생각하는 낙심한 죄인을 위로하기 위한 것이다.

7. 회개는 영적 축복으로 들어가는 입구이다.

 회개는 우리를 은혜로 풍요롭게 하는 구실을 한다. 이것은 사막을 장미꽃같이 피어오르게 하며, 영혼을 나일강이 범람한 후 애굽의 들판처럼 번창하며 결실하게 한다. 은혜의 꽃들은 회개하는 눈물의 소나기가 온 후에야 제일 잘 자라는 법이다. 회개는 지식을 낳으므로, "그러나 언제든지 주께로 돌아가면 그 수건이 벗어지리라"(고후 3:16)고 하였다. 유대인들의 눈 위에 쳐졌던 무지의 베일이 회개에 의해 제거될 것이다. 회개는 사랑에 불을 붙인다. 막달라 마리아를 보라. "이러므로 내가 네게 말하노니 저의 많은 죄가 사하여졌도다 이는 저의 사랑함이 많음이라"(눅 7:47). 하나님은 성령의 열매에 물을 공급하기 위해 이들 슬픔의 샘물을 영혼 속에 보존해 두신다(갈 5:22).

8. 회개는 현세적인 축복도 맞아들인다.

 선지자 요엘은 백성을 회개하도록 설득시키면서 세속적인 좋은 일들에 관한 약속을 소개한다. 그래서 "너희는 옷을 찢지 말고 마음을 찢고 너의 하나님 여호와께로 돌아올지어다…여호와께서 그들에게 응답하여 이르시기를 내가 너희에게 곡식과 새 포도주와 기름을 주리니"(욜 2:13, 19)라고 하였다. 우리가 펌프에 물을 넣으면 펌프는 물만 끌어올리지만 눈물을 하나님의 병에 담으면 이것은 포도주를 끌어올린다. 그래서 "내가 너희에게 포도주와 기름을 주리라"고 하였다. 죄는 땅의 열매를 시들게 하므로 "너희가 많이 뿌릴지라도 수입이 적으며"(학 1:6)라고 하였다. 그러나 회개는 석류나무로 싹 나게 하며 포도나무로 탐스런 포도송이를 주렁주렁 열리게 하여 번성하게 한다. 하나님의 병을 채우라. 그러면 하나님은 당신의 바구니를 채워주실 것이다. "네가 만일 전능자에게로 돌아가고 또 네 장막에서 불의를 멀리 버리면 다시 흥하리라 네 보배를 진토처럼 쌓아두고"(욥 22:23-24, 흠정역본에서-역주)라고 하였다. 회개는 하나님께로 돌이키는 것이며 이것이 황금의 수확을 가져오는 것이다.

9. 회개는 땅 위의 심판을 예방한다.

하나님이 한 나라를 멸망시키고자 하실 때, 참회하는 죄인은 천사가 아브라함의 손을 제지시켰듯 하나님의 손길을 제지시킨다(창 22:12). 니느웨인들의 회개는 하나님을 돌이키게 하였다. 그래서 "하나님이 그들의 행한 것 곧 그 악한 길에서 돌이켜 떠난 것을 감찰하시고 뜻을 돌이키사 그들에게 내리리라 말씀하신 재앙을 내리지 아니하시니라"(욘 3:10)고 하였다. 외형적인 회개도 진노를 연기시키고 막았다. 아합은 자신을 팔아 죄악을 행하였지만, 금식하며 자기 옷을 찢었을 때 하나님은 엘리야에게 말씀하시기를 "내가 재앙을 저의 시대에 내리지 아니하고"(왕상 21:29)라고 하였다. 옷을 찢는 것으로 나라가 심판받는 것을 막았거든 하물며 마음을 찢는 것이야 어떻겠는가?

10. 회개는 하늘나라의 기쁨이 된다.

말하자면 천사들이 성일(聖日)을 지키게 된다는 뜻으로 "이와 같이 죄인 하나가 회개하면 하나님 사자들 앞에 기쁨이 되느니라"(눅 15:10)고 하였다. 찬양은 하늘나라의 음악인 것처럼 회개는 하늘나라의 기쁨이다. 사람들이 구원의 선물을 등한시하고 죄 가운데 굳어버리면 이것이 마귀를 기쁘게 하지만, 영혼이 회개함으로 그리스도께 절실히 호소하면 이것이 천사들 가운데 기쁨이 되는 것이다.

11. 우리 죄가 그리스도로 얼마나 비싼 대가를 치르게 했는지 생각하라.

우리의 죄가 그리스도로 하여금 얼마나 비싼 대가를 치르게 했는지 깊이 생각하면 우리 눈에서 눈물이 방울져 떨어지게 될 것이다. 그리스도는 바위(rock)라 일컬음 받으신다(고전 10:4). 그의 손이 못에 뚫리고 창이 그의 옆구리를 찔렀을 때, 이 바위를 친 것이며 그래서 물과 피가 쏟아져 나왔던 것이다. 그리고 이 모든 것을 그리스도께서 우리를 위해 견디셨기에 "기름부음을 받은 자가 끊어져 없어질 것이며"(단 9:26)라고 하였다. 우리는 선악과를 맛보았고 그는 식초와 쓸개를 맛보셨다. 우리는 모든 부위의 기능으로 죄를 지었고 그는 모든 혈관으로 피를 흘리셨다. 살은 온 몸에 새겨진 사랑과 같이(Cernis ut in toto corpore sculptus amor).

우리는 고난 받는 구세주를 메마른 눈으로 바라볼 수 있을까? 우리는 그리스도를 슬픔의 사람이 되게 한 저 죄들을 한탄하지 않을 것인가? 그리스도에게서 피를 짜냈던 우리의 극악행위들이 우리에게서 눈물을 짜내지 않을 것인가? 계속해서 죄를 가지고 장난질을 할 것인가? 그래서 그리스도의 상처에 또다시 갈퀴질을 할 것인가? 우리는 회개하여 우리 죄를 십자가에 새로이 못박을 수 있어야 한다. 유대인들은 빌라도에게 "이 사람을 놓으면 가이사의 충신이 아니니이다"(요 19:12)라고 말하였다. 만일 우리가 우리 죄를 석방해 주고 십자가에 못박지 않는다면 우리는 그리스도의 친구가 아니다.

12. 회개는 하나님이 보내시는 모든 고난의 목표가 된다.

그것이 몸의 병이 되든지 또는 재산상의 손실이 되든지 고난은 우리 죄로부터 우리를 각성시켜 회개의 눈물을 흘리게 하기 위함인 것이다. 이스라엘을 낮추시기 위함이 아니라면 왜 하나님이 그들을 인도하셔서 불뱀이 득실거리는 광야를 행진하게 하셨겠는가(신 8:2)? 므낫세로 하여금 회개를 배우게 하기 위함이 아니라면 왜 하나님은 그를 그토록 낮추셔서 그의 황금 왕관을 철 족쇄로 바꾸셨는가? "그 열조의 하나님 앞에 크게 겸비하여…므낫세가 그제야 여호와께서 하나님이신 줄을 알았더라"(대하 33:12-13)고 하였다. 사람의 무기력을 치료하는 가장 좋은 방법 중 하나는 열병에 걸리게 하는 것이다. 마찬가지로 사람이 둔탁해지고 그의 양심이 둔감해질 때 하나님은 이런 질병을 치료하시기 위해 그를 극한 상황에 처하게 하시고 한두 가지 불같은 재앙을 불러오셔서 방심 상태에서 깨어나도록 그를 깜짝 놀라게 하고 회개케 하여 하나님께로 돌이키게 하신다.

13. 우리의 애통의 날들은 곧 끝날 것이다.

우리 눈에서 몇 차례 소나기가 오고 난 후에 우리는 영속적인 햇빛을 받을 것이다. 그리스도께서는 그의 백성의 눈물을 씻어주실 손수건을 준비하실 것이다. "하나님께서 저희 눈에서 모든 눈물을 씻어주실 것임이러라"(계 7:17). 그리스도인들이여, 당신은 머지않아 찬미의 옷을 입을 것이며, 당신의 굵은 베옷을 흰 예복으로 갈아입을 것이다. 당신은 한숨 대신에 승리를, 신음 대신에 축가를, 눈물의 샘 대신에 생명수 샘을 가질 것이다. 비둘기의 애도는 지나갈 것이며, 새들의 노래하는 시간이 올 것이다. 노래는 하늘 높이 여기저기 날아다니니(*Volitant super aethera cantus*). 이것은 우리를 다음 대목으로 인도한다.

14. 회개에는 행복하고 영광스러운 보상이 뒤따른다.

"이제는 너희가 죄에게서 해방되고 하나님께 종이 되어 거룩함에 이르는 열매를 얻었으니 이 마지막은 영생이라"(롬 6:22)고 하였다. 무화과나무의 잎과 뿌리는 쓰지만 그 열매는 달다. 회개는 육신적인 부위에 쓴 것 같지만 달콤한 열매를 보라. 그것은 영생이다. 터키인들은 현세 후에 엘리시온(Elysium)이라는 쾌락의 낙원을 공상하고 있는데, 이곳에서는 맛있는 요리가 제공되고, 금을 풍부하게 소유하고, 비단으로 된 자주색 왕복을 입으며, 천사들이 금쟁반 위 은잔에 붉은 포도주를 담아 가져다줄 것이라고 한다. 여기에 쾌락주의자의 하늘이 있는 것이다. 그러나 하나님의 참다운 낙원에는 깜짝 놀랄 만한 즐거움이 있고 진귀한 진수성찬이 제공되는데, 이것은 "눈으로 보지 못하고 귀로도 듣지 못하고 사람의 마음으로도 생각지 못하였다"(고전 2:9)라고 한 말씀과 같다. 하나님은 자기의 참회자들을 애도하는 집으로부터 연회하는 집으로 인도하실 것이다. 거기에는 영광의 정경 외에는 아무 정경도, 음악 소리 외에는 아무 소리도, 사랑의 병 외에는 아무 질병도 없을 것이다. 거기에는 흠이 없는 거룩함과 말할 수 없는 기쁨이 있을 것이다. 그 때에 성도들은 외로웠던 시간들을 잊을 것이며 하나님 안에서 행복하게 스스로 위로받을 것이며, 하나님의 쾌락의 강에서 목욕할 것이다.

아아, 그리스도인이여! 상금의 보답과 비교할 때 당신의 직무는 얼마나 미미한가? 명하신 회개와 예비하신 영광 사이에는 얼마나 무한한 불균형이 있는가? 로마에 기념하는 축제일이 있었는데, 그 날 사람들은 샘물에다 왕관을 씌우는 습관이 있었다. 하나님은 눈물의 샘물이 되었던 그 머리들에게 왕관을 씌우실 것이다. 예수님의 변모에서 상징되고 묘사된 그 영광을 희미하게나마 볼 수 있는 황홀경 속으로 베드로와 요한을 끌어들였던 그런 영광을 소유할 사람이면 누가 애통하는 집에 잠시 동안 기꺼이 있으려 하지 않겠는가(마 17장)? 값없는 은혜가 주는 이런 보상은 초월적으로 너무나 크기 때문에 여기서 우리에게 계시된 그 영광을 얼핏만 볼 수 있어도 우리는 이 이상 더 만족하고 살아가기 위해서는 인내가 필요할 것이다. 아, 축복받은 회개여! 그것은 어두운 면과 함께 그토록 밝은 면을 가지고 있으며, 그 쓴 잔의 밑바닥에는 그렇게 많은 단 꿀이 있는 것이다!

15. 회개의 동기는 완악함의 악을 깊이 생각하는 것이다.

완강한 마음은 가장 악한 마음이며, 이것은 돌 같은 마음이라고 부른다(겔 36:26). 만일 이것이 철이라면 용광로 속에서는 누그러질 만도 하겠지만 불 속에 넣은 돌은 녹지 않을 것이고, 이것은 오히려 당신의 얼굴에 튀어들 것이다. 회개치 않음은 그리스도를 슬프시게 하는 죄인지라, "저희 마음의 완악함을 근심하사"(막 3:5)라고 하였다. 의사를 화나게 하는 것은 병이 아니라 오히려 그가 처방한

약을 깔보는 태도다. 그리스도를 그토록 노여우시게 하고 슬프시 게 하는 것은 우리가 범한 죄가 아니라 오히려 그가 처방하시는 회 개의 약을 거절하는 것이다. 이런 것이 이세벨의 죄를 가중시켰던 고로, "또 내가 그에게 회개할 기회를 주었으되 그 음행을 회개하 고자 아니하는도다"(계 2:21)라고 하였다. 완강한 마음은 아무 감동 도 받지 않으며, 이것은 모든 직무에 대해 조율되지 않는다. 스티 븐 가드너(로마 가톨릭 주교로서 종교개혁 탄압자)가 임종 때 말한 것은 슬 픈 진술이었으니, "나는 베드로와 같이 나의 주님을 부인하였지만 나는 베드로와 같이 회개할 수 없구나"라고 하였다. 아아, 완악한 마음의 역병이여! 돌로 변한 바로의 마음은 피로 변한 그의 물보다 더 악하였다. 다윗은 세 가지 심판, 즉 역병과 칼, 그리고 기근 중 에서 하나를 선택해야 했었는데, 그는 완악한 마음보다는 차라리 그 모두를 다 선택하고자 했을 것이다. 뉘우침 없는 죄인은 애원으 로도 꾈 수 없고 협박으로도 떨게 할 수 없다. 베드로와 같이 울고 자 아니하는 자는 유다와 같이 울게 될 것이다. 완강한 마음은 하 나님의 정의의 망치가 영원토록 두들기고 있을 모루(anvil)와 같다.

16. 회개의 마지막 동기는 심판의 날이 오고 있다는 것이다.

이는 사도 자신의 논점으로서, "이제는 어디든지 사람을 다 명하 사 회개하라 하셨으니 이는 정하신 사람으로 하여금 천하를 공의 로 심판할 날을 작정하시고"(행 17:30-31)라고 하였다. 심판의 날에는 돌 같은 마음도 피 흘리게 할 만한 무엇인가가 있다. 재판 개정기가 가까운 때에 계속 도둑질하고 있을 것인가? 심판의 날이 그토록 가까운 때에 계속 죄짓고 있을 것인가? 당신이 당신의 죄를 숨길 수 없음은 당신이 그 죄를 변호할 수 없음과 같다. 당신의 모든 죄가 하나님의 책에 기록되겠고 당신의 이마에 새겨질 터인데 당신은 어찌하려는가? 아아, 무시무시한 날이여! 그 날에 예수 그리스도께서는 그의 심판 예복을 입으시고 죄인에게 말씀하시기를 "일어서라, 너에게 제기된 고발장에 답변하라. 너의 모든 욕설, 간음 그리고 네가 필사적으로 뉘우치지 않는 것에 대해 무엇을 말할 수 있느냐?"라고 할 것이다. 아아, 죄인은 얼마나 놀라며 대경실색 할까! 그리고 유죄판결을 받은 후 그는 이 슬픈 선고를 들어야 할 것이다. "나를 떠나가라!" 그러면 자기 죄를 회개하지 않던 그는 자기 어리석음을 회개할 것이다. 만일 그러한 때, 곧 하나님이 사람들을 그들의 불경건으로 인해 심판하실 때가 오고 있다면 이것이 얼마나 회개를 촉구하는 박차가 되겠는가! 회개하는 영혼은 마지막 날에 안심하고 그의 머리를 들 것이며 심판주의 돌보심 속에 석방되었음을 볼 것이다.

8
신속한 회개를 권고함

 권고의 두 번째 부문은 신속한 회개를 하도록 사람들을 독려하는 것으로서, "이제는 어디든지 사람을 다 명하사 회개하라 하셨으니"(행 17:30)라고 함과 같다. 주님은 늦가을 열매를 제공받으시기를 원치 않으신다. 하나님은 자기들의 인생의 청춘과 전성기를 성별해 드리는 젊은 시절의 참회자를 사랑하신다. 젊은 시절의 눈물이 아침 이슬에 키운 진주처럼 더욱 반짝이며 아름다운 것이다. 아아, 하나님께 당신의 인생의 찌꺼기를 남겨드리지 말라. 그가 당신에게 그의 잔의 찌꺼기를 남겨주실까 두렵다! 하나님이 그의 긍휼하심에 신속하시기를 당신이 원하는 것만큼 당신의 회개에 신속하라. "왕의 일이 급하므로"(삼상 21:8)라고 하였다. 그러므로 회개는 신속을 요한다.

 회개를 질질 끌고 연기시키는 것이 우리에게는 타고났다. 학개가 말한 것처럼 우리는 "시기가 이르지 아니하였다"(학 1:2)라고 말하는 것이다. 아무도 개량하기를 목적 삼지 않을 만큼 나쁜 사람은 없지만, 사람은 너무 오래 연기하고 연장하다가 마침내 그의 모든 목적이 유산되었음을 드러내는 것이다. 회개할 목적을 가졌던 많은 사람들이 지금 지옥에 가 있다. 사탄은 사람들이 회개하지 못하도록 있는 힘을 다한다. 사람들이 개혁할 생각을 심각하게 고려하기 시작하는 것을 마귀가 보면, 그는 사람들에게 좀더 오래 기다리라고 명령한다. 즉 마귀는 만일 이 배반자인 죄가 마땅히 죽어야 한다면 아직은 죽지 말게 하라고 말하는 것이다. 이렇게 마귀는 죄에 대한 집행 연기를 얻어내는데, 이는 금번의 개정 기간에는 죽지 않을 것이라는 것이다. 하지만 사람들은 너무 오래 연기한 끝에 그만 죽음이 그들을 엄습하게 되고 그들의 사역은 이루어지지 않게 되는 것이다. 그러므로 신속한 회개를 설득시키기 위해 얼마간 정곡을 찌르는 논점을 진술하고자 한다.

1. 지금은 회개의 시기이며, 만사는 제 시기에 이루는 것이 최선책이다.

"보라 지금은 은혜 받을 만한 때요"(고후 6:2)라고 하였으니, 지금 하나님은 참회자에게 긍휼을 베푸실 마음을 가지셨으며, 지금 바로 주실 여유가 있으시다. 왕들은 치료하는 날들을 따로 구별해 놓았다. 지금은 우리의 영혼을 치료하는 날이며, 지금은 하나님께서 평화의 백기를 내거시고 죄인들과 기꺼이 담판하신다. 왕자는 대관식 때 왕권의 행위로서 돈을 나눠주고, 사면을 선포하고, 수로에 포도주로 가득 채운다. 지금은 하나님이 참회하는 죄인들에게 용서를 약속하시며, 지금은 복음의 수로가 포도주를 흘린다. 지금이 은혜 받을 만한 때이다. 그러므로 지금 들어와서 하나님과 화해하라. 지금 회개하여 당신의 죄악을 끊어버리라. 시기를 맞추는 것이 지혜라 농부는 씨를 뿌리는 시기를 포착한다. 지금은 우리의 영혼을 위해 씨 뿌리는 철이다.

2. 당신은 더 속히 회개할수록 그만큼 더 적은 죄를 책임지게 될 것이다.

당신은 한 늙은 죄인이 임종 때 가서 양심이 각성되기 시작할 때 다음과 같이 울부짖는 것을 듣게 될 것이다. "여기 나의 모든 옛 죄들이 내게 나타나고, 그 숱한 악령들처럼 나의 죽음의 자리를 괴롭히니, 나는 면제받지 못하였구나. 여기 사탄이 있는데, 그는 이전에 나의 유혹자이더니 지금은 고발자가 되었구나. 하지만 나에게는 변호자가 없구나. 지금 곧 하나님의 심판대 앞에 끌려가게 되었으니 거기서 최후의 심판을 받아야겠구나!" 아아, 이 얼마나 참담한 처지인가! 그는 때가 되기 전에 지옥에 가 있는 것이다. 그러나 죄 많은 행로에서 때마침 회개하는 당신이여! 이것이 당신의 특권이니, 당신은 책임질 일이 보다 적을 것이다. 그리스도께서 당신을 책임지실 것이며, 당신의 재판관은 당신의 변호자가 되실 것이다(요일 2:1). 그리스도께서 말씀하시기를, "아버지여, 여기에 큰 죄인되었던 한 사람이 있는데 그래도 이는 상한 마음의 죄인입니다. 만일 그가 당신의 공의에 대해 빚진 것이 있거든 이것을 나에게 셈하소서"라고 하실 것이다.

3. 속히 회개할수록 그만큼 더 많은 영광을 하나님께 드릴 수 있다.

우리 세대에서 쓸모 있다는 것, 그것이 우리 삶의 목표가 되어 있다. 목표보다는 우리의 목숨을 잃는 편이 낫다. 여러 해 동안 마귀 편에 서서 급료를 받아왔던 뒤늦은 회심자들은 포도원에서 그다지 많은 일을 할 수 없다. 십자가상의 강도는 사도 바울이 일한 것과 같이 그렇게 많은 봉사를 하나님을 위해 할 수 없었다. 그러나 우리가 적시에 죄에서 돌이킬 때 우리는 하나님께 우리 생애의 첫 열매를 드리게 되고, 우리는 그리스도를 위하여 소비하며 또 소비된다. 하나님을 위하여 더 많은 일을 할수록 그만큼 더 우리는 죽기를 꺼려하지 않을 것이며, 그만큼 더 죽음이 행복할 것이다. 평생토록 하나님을 공경해 왔던 사람들이야 얼마나 행복하게 무덤에서 잠들겠는가! 우리가 하나님을 위해 더 많은 일을 할수록 그만큼 우리의 보상은 클 것이다. 한 달란트로 열 달란트를 번 사람을 그리스도께서는 칭찬하셨을 뿐 아니라 승진까지 시키셔서 "열 고을 권세를 차지하라"(눅 19:17)고 하였다. 늦게라도 회개함으로써 비록 우리는 왕관을 잃지는 않지만 그 영광을 경미하게 만드는 것이다.

4. 회개를 더 오래 끌면 위험한 결과를 초래한다.

회개의 지연은 위험을 초래한다. 죄가 무엇인지를 고려한다면 더 이상 회개를 지체할 수 없다. 죄는 독이며 독이 오래 몸속에 있도록 놔두는 것은 위험하다. 죄는 파상풍과 같으며 만일 이것을 즉시 치료하지 않는다면 감염부위가 썩어서 사람을 죽게 한다. 마찬가지로 죄가 회개에 의해 빨리 치료되지 않는다면 이것은 양심을 괴롭히고 정죄한다. 누가 죄악의 집에서 거주하기를 좋아하겠는가? 그들은 사탄의 권세 아래 있으니(행 26:18), 원수의 지역 내에 오래 머무는 것은 위험한 것이다.

누구든지 계속 죄 가운데 오래 행할수록 그만큼 더 회개하는 것이 어려움을 발견할 것이기 때문에 회개를 연기하는 것은 위험하다. 지연은 죄를 강화시키고 마음을 완강하게 하며 마귀에게 더 완전히 점령할 기회를 준다. 초목은 처음에는 쉽사리 뽑히지만 이것이 뿌리를 땅 속에 깊이 뻗게 되면 한꺼번에 다 덤벼도 움직이지 않는다. 죄는 일단 뿌리박히게 되면 제거하기 어려운 것이다. 얼음을 오래 얼릴수록 그만큼 깨뜨리기가 더 어렵다. 사람이 안일 속에 오래 얼어붙어 있을수록 그만큼 그의 마음은 깨지기가 더 어려운 것이다. 누구든 죄악을 가지고 오래 진통을 겪을수록 거듭날 때 그만큼 더 격심한 고통을 감수해야 한다. 죄가 보금자리를 얻으면 이를 쉽게 떨쳐버릴 수가 없다. 죄가 죄인에게 와서 하는 말이 큰 아들이 자기 아버지에게 와서 하듯 한다. "내가 여러 해 아버지를 섬겨 명을 어김이 없거늘"(눅 15:29), 당신은 이제 나를 내쫓으려 하십니까? 내 노년에 와서, 당신이 그렇게 많은 재미를 보신 후에 그럴 수 있습니까? 얼마나 죄가 관습을 내세우는지 보라. 그것은 표범의 반점처럼 변하지 않는다(렘 13:23).

회개를 지연시키고 연기시키는 것이 위험한 것은 만료될 세 가지 날이 있기 때문이다.

첫째, 복음의 날이 만료될 것이다. 지금은 햇빛이 쨍쨍한 날이다. 이 날은 행복하지만 신속히 날아간다. 예루살렘도 한 날이 있었지만 이것을 잃어버리고 "지금 네 속에 숨기웠도다"(눅 19:42)라고 하였다. 아시아 교회들도 한 날이 있었지만 마침내 금촛대는 옮겨졌다. 영광이 떠난 것을 보면 잉글랜드에서는 슬픈 때가 될 것이다. 무슨 마음을 가지고 우리는 죽을 때까지 복음을 따를 수 있겠는가? 복음을 잃어버리는 것은 우리의 도시 면허장을 빼앗기는 것보다 훨씬 더 나쁠 것이다. "백발이 얼룩얼룩할지라도"(호 7:9)라고 하였다. 나는 복음의 태양이 잉글랜드에서 기울었다고는 말하지 않겠지만 이것이 구름에 가리워 있다는 것은 확실하다. "하나님의 나라를 너희는 빼앗기고"(마 21:43)라고 한 이 말씀은 슬픈 말씀이다. 그러므로 회개를 연기하는 것이 위험함은 복음의 장터가 옮겨지고 환상이 그칠까 우려되기 때문이다.

둘째, 사람의 개인적인 은혜의 날이 만료될 것이다. 하나님께서 은혜의 수단이 소용없다 말씀하실 그때가 온다면 어떻게 하며, 성찬식이 "배지 못하는 태와 젖 없는 유방"(호 9:14)처럼 된다면 어떻게 할까? 그러한 판결이 공표될 때까지 회개를 연기하는 것은 비참하지 않을까? 아무도 자기의 은혜의 날이 지나갔다 정당히 말할 수 없는 것이 사실이지만 이를 두려워할 두 가지 통찰력 있는 징표가 있다.

그것은 먼저, 양심이 설교를 했을 때이다. 양심은 마음속 설교자로서 때로는 죄를 깨닫게도 하고 때로는 죄를 책망하기도 한다. 양심은 나단이 다윗에게 말하듯 "당신이 그 사람이라"(삼하 12:7)고 말한다. 그러나 사람들은 이 설교자를 투옥시킨다. 그러면 하나님은 양심에게 더 이상 설교하지 말라고 말씀하시며, "더러운 자는 그대로 더럽고"(계 22:11)라고 하신다. 이것은 그 사람의 은혜의 날이 지나갔다는 치명적인 징표이다.

다음으로 어떤 사람이 아무것으로도 설득시키거나 분별 있게 만들지 못할 영적인 무기력에 빠져 있을 때이다. 거기에는 "여호와께서 깊이 잠들게 하는 신을 너희에게 부어주사"(사 29:10)라는 말씀이 응한다. 이것은 그의 은혜의 날이 지나갔다는 슬픈 조짐인 것이다. 그렇다면 은혜의 날이 그렇게 속히 만료될진대 회개를 연기하는 것이 얼마나 위험한가!

셋째, 생명의 날이 만료될 것이다. 우리가 하루를 더 살 것이라는 무슨 보증이라도 있는가? 우리는 빠르게 세상 밖으로 행진하고 있으며, 점차 무대에서 사라지고 있다. 우리의 생명은 곧 꺼져버릴 작은 초 토막이며, 인간의 생명은 풀보다 더 빨리 시드는 들의 꽃에 비유된다(시 103:15). 우리의 일생은 없는 것과 같으며(시 39:5), 인생은 다만 날아가는 그림자에 지나지 않는다. 몸은 얼마만큼의 호흡으로 채워져 있는 하나의 그릇과 같다. 질병이 이 그릇에 구멍을 뚫고, 죽음이 이것을 비워낸다. 아아, 얼마나 속히 장면이 바뀔 것인가! 허다한 처녀가 신부복과 수의를 같은 날 입고 있다. 죽음이 그렇게 갑자기 우리를 습격할지 모르는데, 회개하는 일을 연기하는 것이 얼마나 위험한가! 당신은 내일 회개하겠노라 말하지 말라. 아퀴나스(13세기의 유명한 로마 가톨릭 신학자)가 한 말을 기억하라. 회개하는 자를 용서하시는 하나님은 그에게 회개할 내일도 주신다고 약속하지 않으셨다고 했다. 나는 라케다이몬(스파르타의 초대 이름) 사람인 아르키아스에 대한 글을 읽은 일이 있는데, 그가 술을 마시고 있을 때 한 사람이 편지를 전해 주며 중대사인 만큼 당장 그 편지를 읽어보기 바란다고 하였다. 하지만 그는 '중대사는 내일에' (seria cras)라고 대답하였으며, 그날로 그는 죽임을 당하였다. 이와 같이 사람들이 자기의 은실을 자아내는 동안 죽음이 이것을 끊어버리는 것이다. 올라우스 마그누스(스칸디나비아의 관습과 민속에 대하여 글을 쓴 16세기 스웨덴의 성직자)는 다른 어느 나라의 새들보다 더 빠르게 나는 노르웨이의 새들에 대해 기록하였다. 즉 그는 그 새들의 날개가 다른 새들보다 더 민첩하다는 것을 말하는 것이 아니라, 그 새들이 그 지역에서는 낮 시간이 3시간도 채 못 되게 대단히 짧다는 것을 타고난 본능으로 알고 있으며, 따라서 그만큼 더 빨리 서둘러 둥지로 돌아간다는 것을 말하였다. 이와 같이 우리도 우리 일생의 짧음과 죽음으로부터 얼마나 신속히 호출을 받을지 모른다는 것을 알고, 그만큼 더 빨리 하늘나라로 향해 회개의 날개를 타고 날아야 할 것이다.

물론 어떤 이들은 갑작스런 기습에 놀랄 것도 없고 임종 때에 가서 회개하여도 된다고 말할 것이다. 하지만 나는 임종의 회개를 썩 좋아하지 않는다. 몇 분이라는 짧은 시간 범위 내에 자기의 구원을 걸려는 사람은 자포자기적인 모험을 감행하는 것이다. 회개를 병들 때까지 미루고 있는가? 그렇다면 다음의 4가지 질문에 답변해 보기 바란다.

첫째, 당신은 병들 때가 있을 줄을 어떻게 아는가? 죽음은 항상 골골거리는 폐결핵 증상으로 경고 사격을 가하는 것이 아니다. 어떤 이들은 죽음이 갑자기 붙잡아 간다. 하나님이 당신의 생명을 내어놓으라고 당장 소환장을 보내시면 어떻게 하겠는가?

둘째, 당신이 결국 죽기 전에 병에 걸렸다고 하자. 어떻게 당신은 당신의 의식을 사용하겠는가? 많은 사람들이 임종 때 의식의 혼란을 겪는다.

셋째, 병에 걸렸지만 당신의 의식이 성하다고 하자. 당신은 어떻게 당신 마음이 회개의 역사를 일으킬 상태에 있을지 알 수 있는가? 질병은 몸과 마음을 너무나 교란시키기 때문에 사람은 그런 때일수록 자기의 영혼을 돌보기에 언짢은 마음 자세를 가지게 된다. 병들었을 때 사람은 자기의 의사를 결정하기도 마땅치 않다. 하물며 화평을 이루기는 더 어렵지 않겠는가! 사도는 말하기를 "너희 중에 병든 자가 있느냐 저는 교회의 장로들을 청할 것이요"(약 5:14)라고 하였다. 그는 "병든 자가 있느냐, 저는 기도할 것이요"라고 말하지 않고 장로들을 청해서 그 병자를 위해 기도하게 하라고 말하고 있다. 병든 사람은 기도하거나 회개하기에 매우 부적당하며, 오직 병적으로 일처리를 할 가능성이 있는 것이다. 몸이 가락이 안 맞으면 영혼이 헌신할 때 삐걱거리는 소리를 내지 않을 수 없다. 병상에 누워 있을 때 사람은 회개보다는 짜증을 부리기에 더 알맞다. 성경에 보면 넷째 대접을 쏟을 때 하나님이 주민들을 죽이시고 불로 그들을 태우시자 그들이 "하나님의 이름을 훼방하며 또 회개하여 영광을 주께 돌리지 아니하더라"(계 16:9)고 하였다. 이와 같이 주님이 그의 대접을 쏟으셔서 열병으로 몸을 시들게 하실 때 죄인은 회개하기보다는 훼방하기에 더 어울리는 것이다.

넷째, 모든 것을 병상까지 미루는 당신은 바로 그 시점에서 하나님이 당신에게 회개할 은혜를 주실 줄 어떻게 아는가? 통상적으로 주님은 건강할 때 회개에 태만한 죄를 병들었을 때 마음의 완악함으로 심판하신다. 당신은 일평생 하나님의 성령을 물리쳐 왔는데, 그런데도 그가 당신이 부른다고 오시리라 확신하는가? 당신은 첫 번째 기회를 잡지 않았으며, 어쩌면 다시는 성령의 또 다른 봄철을 결코 맞이하지 못할지도 모른다. 이 모든 것을 깊이 생각하면 우리의 회개를 서두르게 될 것이다. 병상에다 지나치게 많은 비중을 두지 말라. "겨울 전에 너는 어서 오라"(딤후 4:21)고 하였다. 질병과 죽음의 겨울이 오고 있다. 그러므로 바삐 서둘러 회개하라. 당신의 일이 겨울 전에 준비가 완료되게 하라. "오늘날 너희가 그의 음성을 듣거든…너희 마음을 강퍅케 하지 말라"(히 3:7-8).

9
회개의 시험 기준과 참회자가 얻는 위로

만일 누가 회개하였노라 말한다면 고린도후서 7:11에 언급된 회개의 7가지 기준에 견주어 진지하게 시험해 보기 바란다.

1. 회개의 시험 기준

(1) 조심하기

이에 해당하는 단어는 본래 염려어린 근면 또는 모든 죄의 유혹을 조심해서 피하는 것을 의미한다. 참다운 참회자는 모세가 뱀에게서 도망쳤던 것처럼 죄에게서 도망친다.

(2) 자신을 청산하기

이에 해당하는 단어는 '사죄'(apology)이다. 우리가 많이 조심하지만 그래도 유혹의 세력으로 말미암아 죄에 빠져드는 수가 있다.

이런 경우 회개하는 영혼은 죄가 자기의 양심 속에서 곪아 터지도록 놔두지 않고 자기의 죄로 인해 자신을 판단할 것이다. 그는 주님 앞에 눈물을 쏟으며, 그리스도의 이름으로 긍휼을 빌며 용서를 받을 때까지 결코 물러서지 않는다. 여기서 그는 양심상의 죄책에서 청산되며 사탄에 대항해 자기 자신을 변호할 수 있게 되는 것이다.

(3) 분개

죄를 회개하는 사람은 그의 영이 죄를 거슬러 들고 일어나며, 이는 마치 사람이 죽도록 미워하는 자를 보자마자 피가 거꾸로 올라오는 것과 같다. 분개는 죄를 가지고 마음에 노심초사하는 상태를 말하는데, 참회자는 자기 자신에게 화가 나는 것이다. 다윗은 자기 자신을 가리켜 우매한 자요 짐승이라고 부른다(시 73:22). 우리가 죄 때문에 우리 자신과 사이가 틀어질 때보다 더 하나님이 우리를 기뻐하시는 때는 없다.

(4) 두려움

연한 마음은 항상 떨고 있는 마음이다. 참회자는 죄의 쓰라림을 맛보았으며, 이 말벌이 그를 쏘았었다. 그래서 지금은 하나님이 화해하실 것이라는 소망을 가지고 이 이상 더 죄를 가까이하기를 두려워한다. 회개하는 영혼은 두려움이 가득하다. 그는 생명보다 더 귀한 하나님의 은총을 잃지 않을까 두려워하며, 노력 부족으로 구원에 미치지 못할까 두려워하며, 그의 마음이 연해진 후에도 회개의 물이 얼어붙어 또다시 죄로 완강해질까 두려워한다. "항상 경외하는 자는 복되거니와"(잠 28:14)라고 하였다. 죄인은 두려움 없게 지음 받은 리워야단과 같다(욥 41:33). 회개하는 사람은 두려워하며 죄를 짓지 않고, 은혜 없는 사람은 죄를 지으며 두려워하지 않는다.

(5) 열렬한 갈망

우리의 조미료가 식욕을 왕성하게 하듯 회개의 쓴 나물이 의욕을 왕성하게 한다. 그러나 참회자는 무엇을 갈망하는가? 그는 죄를 이기는 더 많은 권능을 갈망하며 죄에서 해방되기를 갈망한다. 그가 사탄에게서 도망친 것은 사실이지만 감옥에서 탈출한 죄수처럼 발에 족쇄를 매단 채 다닌다. 그는 하나님의 길에서 걷는 그 자유와 민첩함을 가지고 걸어가지 못한다. 그러므로 그는 죄의 족쇄를 벗어버리기를 갈망하며, 부패에서 해방되고 싶어 한다. 그는 바울과 같이 울부짖기를 "이 사망의 몸에서 누가 나를 건져내랴"(롬 7:24)라고 한다. 간단히 말해, 만물이 각기 본고장에 있기를 갈망하듯 참회자는 그리스도와 함께 있기를 갈망한다.

(6) 열심

갈망과 열심은 적절히 짜 맞추어져 참다운 갈망은 열심 있는 노력의 열매를 맺는다는 것을 보인다. 참회자는 구원의 일에 얼마나 열심을 내는가! 얼마나 그는 하늘나라를 힘으로 빼앗는가(마 11:12)! 열심은 영광의 추구를 고무시키고, 어려움에 부닥칠 때 반항적으로 담대해져 위험을 밟아 뭉개고, 회개하는 영혼으로 그 어떤 갖가지 실망과 반대에도 불구하고 기어이 경건한 슬픔을 관철하게 하며, 하나님의 영광을 위해 사람을 자신보다 높은 위치로 옮겨준다. 바울은 회심 전에 성도들을 핍박하는 데 열심이었지만(행 26:11) 회심 후에는 그리스도를 위해 미쳤다는 판결을 받았다. "바울아 네가 미쳤도다"(행 26:24). 그러나 이것은 열심이었지 광란이 아니었다. 열심은 영과 직무에 활기를 불어넣는다. 이것은 신앙에 열정을 불러일으키며 이는 제물에 대해 불과 같다(롬 12:11). 두려움이 죄에 대해 재갈이 되듯 열심은 직무에 대해 박차가 된다.

(7) 복수심

참다운 참회자는 거룩한 적의를 가지고 자기의 죄를 추격한다. 삼손이 자기의 두 눈 때문에 블레셋인들에게 복수한 것처럼 그는 죄를 죽이려고 힘쓴다. 그는 유대인들이 그리스도를 취급한 것처럼 죄를 취급하며, 죄에게 쓸개와 신 포도주를 주어 마시게 한다. 그는 자기의 육욕을 십자가에 못박는다(갈 5:24). 참다운 하나님의 자녀는 가장 많이 하나님께 욕을 돌렸던 그 죄들에 대해 가장 많이 복수하려고 힘쓴다. 자기의 오른손으로 가톨릭교의 개조들에 서명한 일이 있었던 크랜머(Cranmer)는 자기 자신에게 복수하였으니, 곧 자기의 오른손을 불 속에 넣었던 것이다(1536년 옥스퍼드에서 화형당할 때). 다윗은 죄로써 자기의 침상을 더럽혔는데, 나중에 회개의 눈물로 자기의 침상을 적셨다. 이스라엘은 우상숭배로 죄를 지었었는데, 나중에 그 우상들에게 모독을 가하였다. "또 너희가 너희 조각한 우상에 입힌 은과 부어 만든 우상에 올린 금을 더럽게 하여"(사 30:2). 막달라 마리아는 간통의 눈짓에 의해 눈으로 죄를 지었었는데, 이제는 자기의 눈에 복수하려고 그 눈물로 그리스도의 발을 씻어냈다. 그녀는 자기 머리털로 그녀의 연인들을 걸려들게 하는 죄를 지었는데, 이제는 자기의 머리털에 복수하려고 이것으로 주님의 발을 닦아낸다. 또한 몇 시간이고 계속해 몸치장을 하며 자기들의 거울을 교만을 위해 남용하였던 이스라엘 여인들은 그 후 열심뿐 아니라 복수할 셈으로 그 거울들을 하나님의 회막의 용도와 봉사를 위해 바쳤다(출 38:8). 이와 같이 저들 신기한 묘기나 또는 마술을 부리던 마술사들(고대 시리아어로)도 한 번 회개하자 자기들 책을 가져다가 불태워버렸다(행 19:19).

이런 것들은 축복받은 회개의 열매와 산물이며, 만일 우리가 이런 것들을 우리 영혼 가운데서 찾을 수 있다면 우리는 결코 회개할 것이 없는 회개에 도달해 있는 것이다(고후 7:10).

2. 필요한 경고

자기의 죄를 엄숙히 회개한 사람들에게 경고삼아 말씀드리고자 한다. 당신이 들은 바 회개는 비록 그토록 필요하고 탁월한 것이지만, 그럼에도 회개에다 지나치게 많은 것을 돌리지 않도록 주의하라. 로마 가톨릭교도들은 이중적인 오류의 죄책이 있다.

(1) 로마 가톨릭교도들은 회개를 성례로 삼는다.

그리스도는 결코 그렇게 만들지 않으셨다. 그런데 성례에다 효력을 부여하시는 그분 외에 누가 성례를 제정할 수 있는가? 회개는 외부적인 표징(sign)이 없는 것이기 때문에 전혀 성례가 될 수 없다.

(2) 로마 가톨릭교도들은 회개를 공로로 삼는다.

그들은 회개가 완전 적절하게 (*ex congruo*) 용서받을 공로를 지닌다고 말한다. 이것은 엄청난 잘못이다. 실로 회개는 우리가 긍휼을 얻기에 적합하게 한다. 쟁기가 땅을 일구면 씨를 심기에 적합해지는 것처럼, 마음도 회개로 일구어지면 용서받기에 적합해지는 것일 뿐 용서받을 공로가 있게 하는 것은 아니다. 하나님은 회개 없이 우리를 구원하지 않으시겠거니와 회개로 인해서 구원하지도 않으실 것이다. 회개는 자격(qualification)이지 원인(cause)이 아니다. 회개의 눈물이 귀중하다는 것을 나는 인정한다. 그 눈물은 그레고리우스가 말했듯 희생 제물의 기름이며, 바실리우스가 말했듯 영혼의 약이며, 베르나르가 말했듯 천사들의 포도주이다. 그럼에도 불구하고 눈물은 죄에 대해 배상적(satisfactory)이 아니다. 우리는 우리의 눈물로써 죄를 떨어뜨리는 것이다. 그러므로 눈물이 배상할 수는 없다. 어거스틴은 말하기를, 베드로의 눈물에 대해 읽어본 일이 있지만 아무도 베드로의 배상에 대해 행여 읽어본 사람은 없다고 하였다. 오직 그리스도의 피만이 용서의 공로를 쌓을 수 있다. 우리는 회개로 하나님을 기쁘시게 하지만 회개로 하나님께 배상하지는 않는다. 우리가 회개에 의지하는 것은 이것을 구세주로 삼기 때문이다. 비록 회개가 죄의 더러움을 깨끗이 하는 데 도움이 되지만 그래도 죄의 죄책성을 씻어버리는 것은 그리스도의 피밖에 없다. 그러므로 회개를 우상화하지 말라. 당신의 마음이 죄로 인해 상처를 입었다는 것에 기초를 두지 말고 오히려 당신의 구세주가 죄로 인해 상처를 입으셨다는 것에 기초를 두라. 당신이 울었거든 그에게 말하라. 주 예수여! 당신의 피로 나의 눈물을 씻으소서.

3. 회개하는 죄인에게 주는 위로

다음에는 위로에 대하여 말하고자 한다. 그리스도인이여, 하나님이 당신에게 회개하는 마음을 주셨는가? 당신의 영원한 위로를 위하여 다음의 세 가지 사항을 알고 있으라.

(1) 당신의 죄는 용서받았다.

죄의 용서는 그 속에 축복을 포함한다(시 32:1). 하나님이 용서하시는 자에게 또 관을 씌우신다. 그래서 "저가 네 모든 죄악을 사하시며 네 모든 병을 고치시며 네 생명을 파멸에서 구속하시고 인자와 긍휼로 관을 씌우시며"(시 103:3-4)라고 하였다. 회개하는 상태는 용서받은 상태이다. 그리스도께서는 저 우는 여인에게 말씀하시기를 "저의 많은 죄가 사하여졌도다"(눅 7:47)라고 하였다. 용서는 연한 마음에 인 쳐진다. 아아, 머리가 죄로 인해 우는 샘이 될 것이다(슥 13:1). 당신은 회개하였는가? 하나님은 당신을 마치 범죄하지 않았던 사람처럼 바라보신다. 그는 친구가 되어주시며 아버지가 되어주신다. 그는 이제 제일 좋은 겉옷을 가져다가 당신에게 입히실 것이다. 하나님은 당신을 향해 화평케 되셨으며 탕자의 아버지와 같이 당신의 목을 안고 입을 맞추실 것이다. 성경에서 죄는 구름에 비교되고 있다(사 44:22). 이 구름이 회개에 의해 흩어지는 즉시, 용서의 사랑은 비쳐온다. 바울은 회개한 후 긍휼을 얻고서 "내가 긍휼을 입은 까닭은"(딤전 1:16)이라고 하였다. 회개의 샘물이 마음속에서 열릴 때 긍휼의 샘물이 하늘나라에서 열린다.

(2) 하나님은 대사령(大赦令)을 승인하실 것이다.

죄를 그렇게 용서하시는 분은 그렇게 잊으신다. "다시는 그 죄를 기억지 아니하리라"(렘 31:34). 당신은 참회하는 마음으로 낮추어졌는가? 주님은 결코 당신의 이전 죄를 가지고 당신을 꾸짖지 않으실 것이다. 베드로가 통곡한 후 예수를 부인한 것을 가지고 그리스도께서 꾸짖으셨다는 말을 우리는 전혀 읽어보지 못했다. 하나님은 당신의 죄를 깊은 바다 속에 던지셨다(미 7:19). 코르크처럼이 아니라 납덩이처럼 던지신 것이다. 주님은 결코 사법적인 방법으로 죄에 대한 책임을 묻지 아니하실 것이다. 그가 용서하실 때 하나님은 그의 책에서 빚을 삭제해 주는 채무자와 같으시다(사 43:25). 어떤 이들은 경건한 자의 죄가 마지막 날에 거론될 것이냐 아니냐를 묻는다. 주님은 죄를 기억지 아니하시리라고 말씀하셨으며, 또 그 죄들을 삭제하는 중이시다. 따라서 만일 그 죄들이 거론되더라도 이것이 그들의 불이익이 되지 않을 것이니 이는 부채장부에서 삭제되기 때문이다.

(3) 양심은 이제 화평을 말할 것이다.

오! 양심의 음악이여! 양심은 낙원으로 변했고, 거기서 그리스도인은 행복하게 스스로를 위안하며 기쁨의 꽃을 꺾는다(고후 1:12). 회개하는 죄인은 기도 가운데 담대함으로 하나님께 나아갈 수 있고, 그를 심판주로서가 아니라 아버지로서 바라볼 수 있다. 그는 하나님에게서 태어나 하늘나라의 상속자가 되는 것이다(눅 6:20). 그는 약속으로 둘러싸여 있으며, 그가 약속의 나무를 흔들기만 하면 다소간 과일이 떨어진다.

결론을 짓자면, 참다운 회개자는 위안을 가지고 죽음을 바라볼 수 있다. 그의 생애는 눈물의 생애였으며, 따라서 이제 죽을 때 모든 눈물이 씻겨질 것이다. 죽음은 멸망이 아니라 감옥으로부터 구출이 될 것이다. 이와 같이 얼마나 큰 위로가 회개하는 죄인들을 위해 남아 있는지 당신은 깨달았다. 루터는 회심하기 전에는 '회개'라는 저 괴로운 단어를 견디지 못했지만 그 후로는 그 말에서 많은 행복을 발견하였다고 말했다.

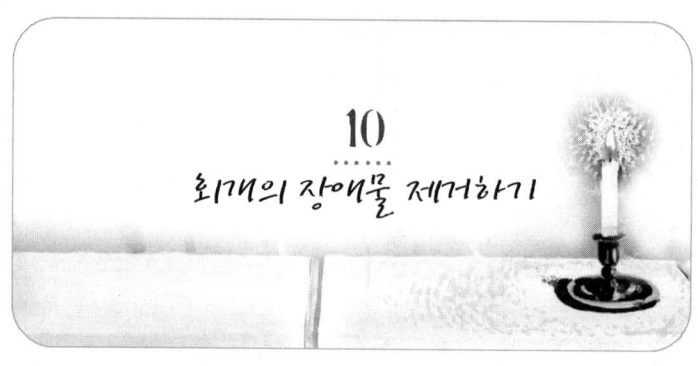

10
회개의 장애물 제거하기

나는 회개에 도움이 되는 수단과 방편을 진술하기 전에 먼저 장애물을 제거하고자 한다. 이 대도시(런던)에서 물의 공급이 끊길 경우 당신은 파이프가 끊어졌는지 또는 막혔는지, 물의 흐름이 방해를 받는 원인을 찾게 된다. 마찬가지로 회개의 물이 전혀 나오지 않을 때에는(비록 당신이 계율의 수도관을 가지고 있다 하더라도) 그 원인이 무엇인지 살펴보라. 이런 참회의 물이 흐르지 않는 장애요인은 무엇인가?

회개에 대한 10가지 장애물은 다음과 같다.

1. 사람들은 회개의 필요성을 이해하지 못한다.

그들은 자기들에게 있어 만사가 잘되어 감을 하나님께 감사하지만 그들이 회개해야 할 것에 대하여는 아무것도 모른다. 그래서

"네가 말하기를 나는 부자라 부요하여 부족한 것이 없다"(계 3:17)라고 하였다. 자기 몸에 아무 이상도 감지하지 못하는 사람은 처방된 약을 먹지 않을 것이다. 이것이 죄가 끼친 해독인데, 죄는 우리를 병들게 했을 뿐 아니라 무감각하게 만든 것이다. 주님이 백성들 보고 자기에게 돌아오라고 명하셨을 때 그들은 완강하게 대답하기를 "우리가 어떻게 하여야 돌아가리이까"(말 3:7)라고 하였다. 이와 같이 하나님이 사람들에게 회개하라 명하시면 그들은 무엇 때문에 우리가 회개해야 하냐고 말한다. 그들은 잘못한 일에 대해 아무것도 모른다. 중풍(감각과 운동 능력이 갑자기 마비되는 질환)보다 더 못된 병은 분명 없는 것이다.

2. 사람들은 회개하는 것을 쉬운 일로 상상한다.

회개는 단지 몇 마디 기도를 하고, 탄식하며 "주여 긍휼히 여기소서"라고 하면 끝나는 것인가? 회개를 쉽게 여기는 이런 자만심이 회개에 큰 장애물이 된다. 사람을 죄 가운데 대담하고 저돌적이 되게 하는 그것은 회개를 가로막을 것임에 틀림없고, 그런 소견이 사람들로 죄 가운데 대담하게 만드는 것이다. 낚시꾼은 마음 내키는 대로 멀리 낚싯줄을 풀어낼 수 있고 그런 다음 이것을 또다시 끌어당길 수 있다. 마찬가지로 사람이 마음 내키는 대로 멀리 죄 속에 날뛰다가 그 후 마음 내키면 회개하여 되돌아올 수 있다고 생각할 때 이것은 그 사람으로 용감히 죄악을 행하도록 만들 것임에 틀림없다. 그러나 회개를 쉽게 여기는 이런 그릇된 자만심을 제거하기 위하여 다음을 고려해야 한다.

첫째로 악한 사람은 산더미 같은 죄책을 짊어졌는데, 그런 무거운 짐을 지고 일어나기가 쉬운가? 구원이 단숨에 얻어지는가(Per Saltum)? 사람이 죄에서 하늘나라로 도약해 들어갈 수 있는가? 사람이 마귀의 팔에서 아브라함의 품속으로 껑충 뛰어 들어갈 수 있는가?

둘째로 만일 죄인 속에 있는 모든 능력이 다 동원되어 회개를 반대한다면, 그때 회개는 쉽지 않다. 자연인의 모든 기량이 죄와 대립하므로, "내가 이방신을 사랑하였은즉 그를 따라가겠노라"(렘 2:25)고 하였다. 죄인은 그의 육욕을 잃기보다는 차라리 그리스도와 하늘나라를 잃고자 한다. 남편과 아내를 갈라놓는 죽음도 악한 사람과 그의 죄를 갈라놓지 않을 것인데 하물며 회개하기가 그렇게 쉽겠는가? 천사는 무덤에서 돌을 굴려냈지만 그 어떤 천사도 마음에서 돌을 굴려낼 수 없다. 그것은 오직 하나님 자신만 하실 수 있다.

3. 하나님의 긍휼에 대해 주제넘은 생각을 한다.

많은 사람이 이 향기로운 꽃에서 독을 빨아 먹는다. 죄인들을 구원하시려고 이 세상에 오신(딤전 1:15) 그리스도께서는 뜻하지 않게 허다한 사람의 멸망의 계기가 된다. 비록 택한 자에게는 그가 생명의 떡이지만 악인에게는 "부딪히는 돌"(벧전 2:8)이다. 어떤 이들에게 그의 피는 향기로운 포도주이고 또 다른 이들에게는 마라(Marah)의 물이다. 어떤 이들은 이 의의 태양에 의해 부드러워지고(말 4:2) 또 다른 이들은 완강해진다. 어떤 사람은 말하기를 그리스도는 죽으셨고 나를 위해 모든 것을 이루셨으니, 그러므로 나는 가만히 앉아 아무것도 안 해도 된다고 한다. 그리하여 그들은 생명의 나무로부터 죽음을 빨아먹고 구원자로 말미암아 멸망하는 것이다. 이와 같이 나는 하나님의 긍휼에 대해 말할 수 있다. 이 긍휼은 뜻하지 않게 허다한 사람의 파멸의 원인이 된다. 긍휼 때문에 사람들은 주제넘어져서 죄 가운데 계속 행해도 될 줄로 생각하지만, 왕의 관대함이 신하들로 반역하게 해서야 되겠는가? 시편 저자는 말하기를 하나님께 긍휼이 있는 것은 주를 경외케 하기 위함이요(시 130:4) 우리로 죄짓게 하기 위함이 아니라고 한다. 사람들이 공의에 도전함으로써 긍휼을 기대할 수 있겠는가? 긍휼이 풍성하시다는 이유로 죄짓는 자들에게 하나님은 긍휼을 거의 베푸시지 않는다.

4. 무기력하고 나태한 기질이 있다.

회개는 지루한 일이고 또 많은 근면을 필요로 하는 일이라 여겨진다. 따라서 사람들은 자기들의 찌꺼기에 가라앉아 움직일 엄두를 내지 않는다. 그들은 울면서 하늘나라에 가느니 차라리 잠자며 지옥에 가고 싶어 한다. "게으른 자는 그 손을 그릇에 넣고도 입으로 올리기를 괴로워하느니라"(잠 9:24), 즉 자기 가슴을 치는 수고를 하지 않으려는 것이다. 많은 사람이 노를 열심히 저어서 회개의 눈물바다 저편으로 가는 것보다 차라리 하늘나라를 잃어버리는 것이 더 낫다고 생각한다. 수고와 노력 없이 세상을 소유할 수 없으면서 그보다 더 훌륭한 것을 소유할 수 있겠는가? 게으름은 영혼의 암이다. "게으름이 사람으로 깊이 잠들게 하나니"(잠 19:15)라고 하였다.

시인들의 재치 있는 허구에도 메르쿠리우스가 아르고스를 잠들게 하고 마법의 지팡이로 그의 눈을 감기고 난 후에 그를 죽였다는 이야기가 있다. 사탄은 자기의 마력으로 사람들을 달래어 게으름 속에 잠들게 하고 그런 다음 그들을 멸망시킨다. 어떤 이들의 보고에는 악어들이 입을 열고 잠든 사이 인도 쥐들이 뱃속에 들어가서 그 창자들을 먹어치운다는 이야기가 있다. 이와 같이 사람들이 마음 푹 놓고 잠든 사이 먹힘을 당하는 것이다.

5. 죄의 근질근질한 쾌감에 대해 "불의를 좋아하는 모든 자"(살후 2:12)라고 하였다.

죄는 한 모금 설탕물인데, 독이 섞여 있다. 죄인은 죄 속에 위험이 들어 있지만 즐거움도 들어 있다고 생각하며, 그 위험은 즐거움이 그를 매혹시키는 것만큼 그를 겁나게 하지 못한다. 플라톤은 죄의 사랑을 대(大) 마귀라고 일컫는다. 죄를 즐거워함이 마음을 완강하게 만든다. 참다운 회개에는 죄에 대해 몹시 슬퍼함이 있어야 되는데, 사람이 어떻게 자기가 사랑하는 그것을 슬퍼할 수 있는가? 죄를 즐기는 자는 죄짓지 않도록 기도하기가 거의 불가능하며, 그의 마음은 너무나 죄에 혹해 있어 죄를 너무 일찍 떠나는 것이 두렵다. 삼손은 들릴라의 아름다움에 홀딱 빠지더니 그녀의 무릎은 그의 무덤이 되고 말았다. 사람이 죄악을 혀 밑에 알사탕 굴리듯 하면 이것이 그를 얼빠지게 하여 마침내 그의 죽음이 된다. 죄의 즐거움은 비단실로 된 교수형 밧줄이다. 이것은 마침내 참혹한 일이 될 것이다(삼하 2:26).

6. 회개가 우리의 기쁨을 없애버린다고 생각한다.

그러나 이것은 잘못된 견해이다. 회개는 우리의 기쁨을 십자가에 못박지 않고 정화시키며, 과도한 죄의 찌꺼기로부터 벗어나게 한다. 땅 위의 기쁨이란 무엇인가? 그것은 유쾌한 광란(*hilaris insanai*)에 지나지 않는다. 거짓 기쁨 가운데 우리는 밤을 몰아낸다(*Falsa inter gaudia noctem egerimus*-Virgil). 세상적인 환락은 가짜 웃음에 지나지 않으며, 슬픔이 그 뒤를 바짝 쫓는다. 술객의 지팡이처럼 이것은 즉각 뱀으로 변하나 신적인 회개는 삼손의 사자처럼 그 속에 꿀을 담고 있다. 하나님 왕국은 기쁨에 있을 뿐 아니라 의에도 있는 것이요(롬 14:17), 아무도 참회자만큼 그렇게 참되이 즐겁지 못하다. 우는 것은 일종의 쾌락이다(*est guaedam flere voluptas*-Ovid). 기쁨의 기름은 주로 상한 마음속에 부어지기에, "희락의 기름으로 그 슬픔을 대신하며"(사 61:3)라고 하였다. 팔레르모 부근의 들판에는 수많은 갈대가 자라는데 그 갈대 속에는 설탕을 만드는 달콤한 즙이 들어 있다. 마찬가지로 상한 갈대 같은 참회하는 마음속에서는 달콤한 하나님의 성령의 기쁨이 자라고 있다. 하나님은 눈물의 액을 마음을 명랑하게 하고 기쁘게 하는 포도즙으로 변화시키신다. 회개하는 영혼이 아니고서야 누가 즐거워하겠는가? 그는 모든 약속의 상속자인데 그것이 기뻐할 일이 아닌가? 하나님은 통회하는 마음속에 거하시는데 거기에 기쁨이 없을 수 있는가? "통회하고 마음이 겸손한 자와 함께 거하나니 이는 겸손한 자의 영을 소성케 하며 통회하는 자의 마음을 소성케 하려 함이라"(사 57:15)고 하였다. 회개는 그리스도인의 음악을 빼앗아가는 것이 아니라 이것을 한 격조 더 높여주고 더 아름답게 해주는 것이다.

7. 마음의 낙담이 회개를 방해한다.

죄인은 말하기를 "회개할 마음을 먹어도 나는 허사다. 내 죄는 내게 아무 소망이 없을 정도로 큰 죄이다"라고 한다. "너희는 각기 악한 길에서 돌이키며 너희 길과 행위를 선하게 하라 하셨다 하라 그러나 그들이 말하기를 이는 헛된 말이라"(렘 18:11-12)라고 하였다. 우리의 죄는 태산 같은데 어떻게 이 죄들을 바다 속에 던지겠는가? 불신앙이 핏빛 색깔의 죄와 재판관의 법복을 입으신 하나님을 표시하는 곳에서, 영혼은 하나님께로 가기보다 차라리 하나님을 피해 도망하려고 한다. 이것은 위험하다. 다른 죄들은 긍휼을 필요로 하지만 절망은 긍휼을 배척한다. 이것은 그리스도의 피의 강심제를 땅에 팽개쳐 버린다. 유다는 단지 그의 배반과 살인 때문에 정죄받은 것이 아니다. 그를 멸망시킨 것은 하나님의 긍휼에 대한 그의 불신이었다. 왜 우리는 하나님께 대해 그런 매정한 생각을 품어야만 하는가? 그는 회개하는 죄인들에게 사랑의 심정을 품으신다(욜 2:13).

긍휼은 공의를 기뻐한다. 하나님의 노여움은 긍휼이 식히지 못할 정도로 그렇게 뜨겁지 않고 긍휼이 부드럽지 못할 만큼 그렇게 가혹하지 않다. 하나님은 그의 긍휼을 그의 영광으로 여기신다(출 33:18-19). 우리 자신은 소량의 긍휼을 가지고 있지만 하나님은 "자비의 아버지"(고후 1:3)시니 우리 속에 있는 모든 긍휼을 낳으신다. 그는 부드러우시고 측은히 여기시는 하나님이시다. 우리가 애통하기가 무섭게 하나님의 마음은 녹으며, 우리의 눈물이 떨어지기가 무섭게 하나님의 뉘우치심이 불붙는다(호 11:8). 그럴진대 소망이 없다고 하지 말라. 당신의 죄의 군대를 해체시키라. 그러면 하나님은 그의 심판에게 후퇴 신호를 울리실 것이다. 기억하라! 큰 죄들은 하나님의 무한하신 동정심의 바다 속에 삼키워져 버렸다. 므낫세는 거리거리에 피를 흘렸지만, 그래도 그의 머리가 눈물의 샘이 되었을 때 하나님은 자비로워지셨다.

8. 형벌을 면하리라고 희망한다.

사람들은 죄 가운데 자만하며 생각하기를 하나님께서 그동안 줄곧 그들을 용서해 주셨으니 결코 처벌하지 않으실 것이라고 한다. 재판이 연기되었기 때문에 반드시 재판이 없을 것이라는 것이다. "저의 마음에 이르기를 하나님이 잊으셨고 그 얼굴을 가리우셨으니 영원히 보지 아니하시리라 하나이다"(시 10:11). 주님은 참으로 죄인들을 향해 오래 참으시며 그의 인내심으로 그들에게 미끼를 써서라도 회개시키려 하시지만, 여기에 그들의 비참함이 있는 것이니, 그가 처벌하시기를 참으시기 때문에 그들은 회개하기를 참는 것이다. 인내심의 정해진 기간이 곧 만료될 것임을 알라. 하나님이 "나의 신이 영원히 사람과 함께하지 아니하리니"(창 6:3)라고 말씀하실 때가 있다. 채권자가 그의 채무자를 참을 수는 있겠지만 유예가 지불을 면제해 주지는 않는다. 하나님은 얼마나 오랫동안 그의 인내심의 잔이 흘러넘치고 있었는지 주목하시며, 그래서 "내가 그에게 회개할 시회를 주었으되 그 음행을 회개하고자 아니하는도다"(계 2:21)라고 하였다. 이세벨은 그녀의 음행에 뉘우침 없는 완고를 더하였으니 무슨 일이 뒤따라왔는가? "볼지어다 내가 그를 침상에 던질 터이요"(계 2:22)라고 하였는데, 이는 쾌락의 침상이 아니라 그녀가 자기 죄악 가운데 수척해 갈 쇠약의 침상인 것이다. 하나님의 화살이 더 오래 당기고 있을수록 그만큼 더 깊은 상처를 입힐 것이다. 인내심에 역행하는 죄들은 사람의 지옥을 그만큼 더 뜨겁게 만들 것이다.

9. 비난의 두려움이 회개를 방해한다.

내가 회개한다면 나는 사람들의 멸시를 사게 될 것이다. 이방인들은 당신이 지혜의 말씀 연구에 전념할 때 풍자와 비난을 각오하라고 말할 수도 있을 것이다. 그러나 당신을 비난하는 그들이 누구인지 잘 생각해 보라. 그들은 하나님에 대해 무지하며 영적으로 광기에 날뛰는 그런 자들이다. 무엇 때문에 당신은 정신상태가 좋지 않은 자들에게 비난당하는 것을 괴로워하는가? 누가 미친 사람이 자기를 비웃는다 하여 신경을 쓰는가? 악한 자가 무엇 때문에 당신을 비난하는가? 당신이 회개하기 때문인가? 당신은 당신의 의무를 다하고 있다. 그들의 비난을 당신의 머리에 면류관으로 두르라. 회개함으로 사람들이 당신을 비난하는 것이 회개치 않음으로 하나님이 당신을 정죄하는 것보다 더 낫다.

만일 당신이 신앙적으로 비난을 견뎌내지 못하겠거든 결코 당신 자신을 그리스도인이라 칭하지 말라. 루터는 말하기를 "그리스도인은 마치 십자가에 못박힌 자와 같다"(*Christianus goasi crucianus*)라고 하였다. 고난은 성도의 제복이다. 슬프도다! 비난이 무엇인가 말인가? 그것들은 십자가에서 떨어져나간 부스러기들에 지나지 않는 것으로 차라리 멸시할 것들이요 마음에 둘 것이 못 된다.

10. 회개의 마지막 장애물은 과도한 세상 사랑이다.

에스겔의 청중들은 그들 마음이 탐욕을 따라가자 완강해져 반역하게 되었는데 이것은 놀랍지가 않다(겔 33:31). 세상은 사람들의 시간을 너무 빼앗아 버리고 사람들의 애착심을 너무 매혹시키기 때문에 사람들이 회개할 수 없게 된다. 그들은 하나님의 병에 눈물을 담기보다 오히려 자기들의 자루에 금을 담고 싶어 한다. 나는 교회에도, 제단에도 유의하지 않고 경작지 돌보는 데만 부지런한 터키인들에 대해 읽은 적이 있다. 마찬가지로 많은 사람들이 회개에 거의 유의하지 않으며, 그들은 묵은 땅을 일구기보다는 쟁기와 흙덩이 일구는 데 더 마음을 쓴다. 가시나무가 말씀을 질식시키는 것이다. 성경을 보면 그리스도의 만찬에 초대를 받았는데 세상적인 핑계를 가지고 발뺌하는 자들이 나온다. "하나는 가로되 나는 밭을 샀으매 불가불 나가보아야 하겠으니 청컨대 나를 용서하도록 하라 하고 또 하나는 가로되 나는 소 다섯 겨리를 샀으매…"(눅 14:18-19)라고 하였다. 농장과 상점이 교인들의 시간을 너무 차지하기 때문에 그들은 자기들의 영혼을 위한 여가를 전혀 갖지 못한다. 그들의 황금 추들이 그들의 은 눈물을 방해한다. 사르디니아 지방에 한 가지 약초가 있는데 이 약초를 많이 먹으면 웃으며 죽는다고 한다. 그러한 약초가(아니 보다 정확하게는 잡초가) 바로 이 세상이라, 만일 사람들이 이것을 너무 무절제하게 먹으면 그렇게 되는 것이다. 회개하다가 죽기는커녕 그들은 웃다가 죽을 것이다.

이상 열 가지 회개의 장애물들은 회개의 흐름을 더 맑게 하기 위하여 반드시 제거되어야 할 것이다.

11
회개를 위한 방법적 처방 I
: 진지한 심사숙고

마지막으로 나는 회개에 도움이 될 얼마간의 규칙들 또는 방법을 처방하고자 한다.

먼저 본 장에서는 회개에 도움이 될 첫 번째 수단인 진지한 심사숙고에 대해 살펴보기로 하자. "내가 내 행위를 생각하고 주의 증거로 내 발을 돌이켰사오며"(시 119:59). 탕자는 제 정신이 들었을 때 자기의 방탕한 사치생활을 심각하게 생각해 보았고 그리고 나서 회개하였다. 베드로는 그리스도의 말씀이 생각났을 때 통곡하였다. 잘 심사숙고해 보면 우리로 죄짓는 행실을 끊어버리도록 하는 수단이 될 어떤 사항들이 있다.

1. 죄가 무엇인지 심각히 생각해 보라.

분명히 죄 속에는 우리를 회개토록 만들 충분한 악이 들어 있는 것이다. 죄 안에는 다음과 같이 20가지 악이 들어 있다.

(1) 모든 죄는 하나님에게서 물러가는 것이다(렘 2:5).

하나님은 최고선이시며 우리의 축복은 그와의 연합에 있다. 그러나 죄는 강한 편견처럼 마음을 하나님에게서 떼어놓는다. 죄인은 하나님에게 작별을 고하고, 그리스도와 긍휼에게도 고별인사를 한다. 죄 가운데 일보 전진하는 것은 언제나 하나님에게서 일보 후퇴하는 것이기에, "그들이 여호와를 버리며 이스라엘의 거룩한 자를 만홀히 여겨 멀리하고 물러갔도다"(사 1:4)라고 하였다. 사람이 태양에서 더 멀리 떨어질수록 그만큼 더 어둠에 가까워진다. 영혼이 하나님에게서 더 멀리 떠날수록 그만큼 더 불행에 가까워지는 것이다.

(2) 죄는 하나님에게 대항하는 것이다(레 26:27).

똑같은 단어가 히브리어로는 죄를 범하는 것과 반항하는 것 둘 다를 의미한다. 죄는 하나님과 정반대이다. 만일 하나님이 한 가지 마음이시면 죄는 전혀 다른 마음일 것이며, 만일 하나님이 안식일을 거룩하게 하라고 말씀하시면 죄는 이것을 더럽히라고 말한다. 죄는 하나님의 존재 자체에 도전한다. 만일 죄가 하고 싶은 대로 할 수만 있다면 하나님은 더 이상 하나님이 아니실 터이니, "이스라엘의 거룩하신 자로 우리 앞에서 떠나시게 하라 하는도다"(사 30:11)라고 하였다. 교만한 티끌 한 개가 자기의 조물주를 무시하여 반란을 일으키다니 이 얼마나 끔찍한 일인가!

(3) 죄는 하나님에 대한 권리 침해이다.

이는 하나님의 법을 위반하는 것이며 여기에 존엄성을 침해한 범죄가 있다(Crimen laesae majestatis). 군주의 칙명을 짓밟는 것보다 어떤 더 큰 권리침해가 군주에게 가해질 수 있는가? 죄인은 하늘나라의 성문법에 멸시를 가하여 "주의 율법을 등 뒤에 두고"(느 9:26)라고 했으니, 마치 이를 바라보는 것조차 떳떳하게 여기지 않는 것 같다. 죄는 하나님에게서 그의 응분의 몫을 빼앗는다. 당신은 어떤 사람에게 그의 응분의 몫을 주지 않을 때 그의 권리를 침해한다. 영혼은 하나님께 속하며, 하나님은 이 영혼에 대해 이중의 권리 주장을 하신다. 영혼은 창조(creation)에 의해 그의 것이고, 또 매입(purchase)에 의해 그의 것이다. 그런데 죄는 하나님에게서 영혼을 도둑질하여 당연히 하나님께 속하는 것을 마귀에게 준다.

(4) 죄는 심층적인 무지이다.

스콜라 학자들은 모든 죄는 무지에 기초를 두고 있다고 말한다. 만일 사람들이 순결과 공의의 하나님을 알고 있다면 감히 죄짓는 생활을 계속하지는 않을 것이다. 그래서 "악에서 악으로 진행하며 또 나를 알지 아니하느니라"(렘 9:3)고 하였다. 그러므로 무지와 육욕은 서로 연결되어 있으며(벧전 1:14), 무지는 육욕의 모태이다. 수증기는 밤에 가장 많이 일어나며, 죄의 검은 수증기는 어두운 무지의 영혼 속에 가장 많이 일어난다. 사탄이 죄인 앞에 안개를 뿌려 놓으므로 그는 하나님의 진노의 화염검을 보지 못하게 된다. 독수리는 먼저 모래 속에 자신의 몸을 굴리고 수사슴에게 덤벼든다. 그리고 날개를 펄떡거림으로써 수사슴의 눈에 먼지를 덮어 그로 보지 못하게 한 뒤 발톱으로 그를 공격한다. 이와 같이 저 공중의 독수리 곧 사탄은 먼저 사람들을 무지로 눈멀게 하고 그런 다음 그의 유혹의 화살로 상처를 입힌다. 죄는 무지인가? 무지를 회개할 중대한 이유가 있는 것이다.

(5) 죄는 자포자기의 한 예다.

모든 죄과에서 사람은 자기 영혼의 명백한 위험을 무릅쓴다. 즉 무저갱의 언저리를 밟는 것이다. 어리석은 죄인이여! 당신은 죄를 범하면 반드시 당신의 영혼을 영원히 파멸시킬지 모를 바로 그 짓을 하고 있는 것이다. 독극물을 마시는 자는 이것이 그의 생명을 잃게 하지 않으면 이상한 일이다. 금지된 나무 열매를 한 번 맛본 것이 아담으로 낙원을 잃게 하였고, 천사들의 한 가지 죄가 그들로 하늘나라를 잃게 하였고, 사울의 한 가지 죄가 그로 하여금 왕국을 잃게 하였다. 당신이 하나님께 범하는 다음 번 죄가 당신을 지옥 저주받은 자들 가운데로 투옥시킬지 모른다. 죄 가운데 계속 질주하는 당신이여! 하나님이 당신의 생명을 하루 더 연장해 주실지, 또는 당신에게 회개하는 마음을 주실지 의문이며 그러므로 당신은 광기에 가깝도록 자포자기하고 있다.

(6) 죄는 더러움으로 뒤범벅이 되게 한다.

야고보서 1:21에서 죄는 '더러운 것'이라 불리며, 이에 해당하는 그리스어 단어는 부패한 궤양 물질을 의미한다. 죄는 가증한 것(신 7:25)이라 하고, 복수로는 가증한 일(신 20:18)이라 불린다. 이 죄의 더러움은 내면적이다. 얼굴에 묻은 오점은 쉽사리 닦아내지만 간장과 폐장이 감염당하게 되면 매우 심각해진다. 그런 오염이 바로 죄이며, 이것이 마음과 양심 속에 침투해 있다(딛 1:15). 이것이 율법에서는 불결한 물건에 비유된다(사 30:22). 죄인의 마음은 똥을 퍼부은 들판과 같다. 어떤 이들은 죄를 장식품처럼 생각하지만 이것은 오히려 배설물이다. 죄는 사람을 너무나 더러움으로 뒤범벅이 되게 하기 때문에 하나님은 그 꼴을 참고 보실 수 없어, "내 마음에 그들을 싫어하였고"(슥 11:8)라고 하였다.

(7) 죄 속에는 흉악한 배은망덕이 있다.

아, 죄인이여! 하나님은 당신을 천사들의 음식으로 먹여주셨다. 그는 당신을 가지가지 긍휼로 관 씌우셨는데 당신은 죄 가운데 계속 행하는가? 다윗이 나발에 대하여 "내가 이 자의 소유물을 광야에서 지켜 그 모든 것을 하나도 손실이 없게 한 것이 진실로 허사라"(삼상 25:21)고 말한 것과 마찬가지로, 하나님이 죄인을 위해 그토록 많은 일을 행하신 것이 허사가 되었다. 하나님의 모든 긍휼이 감사할 줄 모르는 사람을 꾸짖거나 고발하실지 모른다. 그래서 "곡식과 새 포도주와 기름은 내가 저에게 준 것이요 저희가 바알을 위하여 쓴 은과 금도 내가 저에게 더하여 준 것이어늘"(호 2:8)이라고 하였다. 양식을 보내주었더니 그것을 가지고 자기들의 우상을 섬겼다는 것이다. 우화에 나오는 얼어붙은 뱀은 자기를 불에 가져가 따뜻하게 녹여준 사람을 물었다. 이와 같이 죄인은 하나님의 긍휼을 이용해 하나님을 괴롭히려 돌아다닌다. "이것이 네가 친구를 후대하는 것이냐"(삼하 16:17)라고 하였다. 하나님이 당신에게 죄지으라고 생명을 주셨는가? 그가 당신에게 마귀를 섬기라고 품삯을 주셨는가?

(8) 죄는 품위를 떨어뜨리는 일이다.

이것은 사람의 명예를 실추시키기에, "네 무덤을 예비하리니 이는 네가 비루함이니라"(나 1:14)고 하였다. 이 말씀은 왕에 대한 말씀이었는데, 그는 태생이 비열한 것이 아니라 죄로 인해 비열하였던 것이다. 죄는 우리의 이름을 더럽히고, 우리의 피를 감염시키며, 죄만큼 사람의 영광을 수치로 변화시키는 것은 아무것도 없다. "나아만은 그 주인 앞에서 크고 존귀한 자니…저는 큰 용사나 문둥병자더라"(왕하 5:1)고 하였다. 사람이 아무리 세상적인 부귀영화로 더없이 위대하다고 하자. 그래도 만일 그가 악하다면 그는 하나님의 눈에 문둥병자이다. 죄를 자랑하는 것은 우리의 불명예스런 일을 자랑하는 것이니, 마치 죄수가 자기의 족쇄를 자랑하거나 자기의 교수형 밧줄을 자랑스럽게 여기는 것과 같다.

(9) 죄는 손실이다.

모든 죄에는 무한한 손실이 있다. 아무도 이 목초지에서 풀을 뜯어먹고 잘된 자 없었다. 무엇을 잃는가? 하나님을 잃으며, 자기의 평화를 잃으며, 자기의 영혼을 잃는다. 영혼은 하늘나라로부터 불붙여진 하나님의 불꽃이며, 이것은 창조물의 영광이다. 그런데 무엇으로 이 손실을 보상할 수 있는가(마 16:26)? 만일 영혼을 잃었으면 보화를 잃은 것이며 따라서 죄 속에는 무한한 손실이 있는 것이다. 죄는 누구든지 이를 따르면 틀림없이 파산당하고 말 장사이다.

(10) 죄는 짐이다.

"내 죄악이 내 머리에 넘쳐서 무거운 짐 같으니 감당할 수 없나이다"(시 38:4)라고 하였다. 죄인은 자기의 죄 짐과 족쇄를 짊어지고 다닌다. 죄의 짐은 가장 작다 느껴질 때 가장 악하다. 죄는 어디든지 가는 곳마다 짐이다. 죄는 하나님께 짐이 되어 "곡식 단을 가득히 실은 수레가 흙을 누름같이 내가 너희 밑에서 눌리니"(암 2:13, 흠정역본에서-역주)라고 하였다. 죄는 영혼에게 짐이 된다. 스피라(종교개혁기에 베니스 근처에 살던 법률가로서 로마 가톨릭에서 개신교로 개종했다가 나중에 다시 배교함)는 어떤 중압감을 느꼈던가? 유다의 양심이 얼마나 큰 짐에 눌렸는지, 그는 자기의 양심을 진정시키기 위하여 스스로 목을 매었다. 죄가 무엇인지 아는 자들은 자기들이 그런 짐을 지고 다니는 것을 참회할 것이다.

(11) 죄는 빚이다.

이것은 일만 달란트의 빚에 비유되고 있다(마 18:24). 우리가 지고 있는 모든 빚 중에서 우리의 죄가 가장 나쁜 빚이다. 다른 빚을 졌다면 죄인은 외국으로 도망할 수도 있으나 죄를 지고서는 그렇게 할 수도 없다. "내가 주의 신을 떠나 어디로 가며 주의 앞에서 어디로 피하리이까"(시 139:7)라고 하였다. 하나님은 어디서 그의 모든 빚진 자들을 찾아내실지 다 아신다. 죽음은 사람을 다른 빚에서는 해방시키지만 이 빚에서만큼은 해방시키지 못할 것이다. 이 빚을 면제시켜 주는 것은 채무자의 죽음이 아니라 채권자의 죽음이다.

(12) 죄에는 속임수가 있다(히 3:13).

"악인의 삯은 허무하되"(잠 11:8)라고 하였다. 죄는 오로지 사기일 뿐, 이것이 우리를 기쁘게 하는 척하면서도 실상은 우리를 현혹시킨다! 죄는 야일이 한 것처럼 한다. 먼저 그녀는 시스라에게 우유와 버터를 가져다주었고, 그 다음 그녀는 말뚝을 그의 관자놀이에 박아서 죽였다(삿 5:26). 죄는 처음에 수작을 걸고 그런 다음에 죽인다. 이것은 처음에는 여우요 그 다음에는 사자이다. 누구이든 죄는 죽이고 또 배반한다. 계시록에 나오는 메뚜기 떼들은 완벽한 비밀문자며 죄의 상징이기에 "그 머리에 금 같은 면류관 비슷한 것을 썼으며 그 얼굴은 사람의 얼굴 같고 또 여자의 머리털 같은 머리털이 있고 그 이는 사자의 이 같으며…또 전갈과 같은 꼬리와 쏘는 살이 있어"(계 9:7-10)라고 하였다. 죄는 사람에게 돈으로 먹여주고 그 다음에 그의 땅을 저당잡히게 하는 고래대금업자와 같다. 죄는 죄인에게 즐거운 대상물을 공급해 주고 그 다음에 그의 영혼을 저당잡히게 만드는 것이다. 유다는 은 30으로 기뻐했지만 그것들은 속이는 재물임이 드러났다. 지금 그 흥정이 얼마나 마음에 드는지 그에게 물어보라.

(13) 죄는 영적 질병이다.

어떤 사람은 교만의 병을 앓고, 또 어떤 사람은 육욕의 병을 앓고, 또 어떤 사람은 원한의 병을 앓는다. 죄인은 병든 환자와 같다. 그의 입맛에 이상이 생기고 가장 맛있는 음식도 그에게는 쓴맛이다. 이와 같이 꿀보다 더 단 하나님의 말씀이 죄인에게는 쓴맛이 되니, "쓴 것으로 단 것을 삼으며"(사 5:20)라고 하였다. 그리고 만일 죄가 병이라면 이것은 소중히 여길 것이 아니라 오히려 회개하여 치료할 것이다.

(14) 죄는 노예화이다.

이것이 사람을 마귀에게 견습생으로 매어놓는다. 모든 신분 중에서 노예 신분이 가장 비참하며, 모든 사람은 자기 자신의 죄의 줄에 얽매여 있다. 어거스틴은 회심 전에는 쇠사슬이 아닌 내 의지의 완고함에 매여 있었다고 말했다. 죄는 오만하며 폭군적이다. 이것은 사람에 대해 그런 구속력을 가지고 있기 때문에 법이라고 불린다(롬 8:2). 죄인은 죄가 시키는 대로 해야 된다. 자기의 육욕을 즐긴다기보다 오히려 섬기는 것이며, 그래서 그는 그 모든 육욕을 다 충족시키기 위해 일하느라 몹시 고생이다. "또 보았노니 종들은 말을 타고 방백들은 종처럼 땅에 걸어다니는도다"(전 10:7)라고 하였다. 즉 한때 지위 높은 의자에 앉아 지식과 거룩함으로 관 쓰고 있던 저 왕자 같은 영혼이 이제는 죄의 종복이 되어 마귀의 심부름을 다니는 것이다.

(15) 죄는 그 속에 악의가 만연하다.

이것은 본인을 해칠 뿐 아니라 다른 사람들도 해친다. 한 사람의 죄가 많은 사람을 죄짓게 하는 계기가 될 수 있음은, 마치 하나의 봉화가 켜지면 그 나라의 모든 봉화가 켜지는 계기가 될 수 있음과 같다. 한 사람이 많은 사람을 더럽히는 구실을 할 수 있다. 역병을 앓는 한 사람이 단체 속에 들어갈 때 얼마나 많은 사람이 자기 때문에 역병에 감염될지 알지 못한다. 드러난 죄를 범한 당신은 얼마나 많은 사람이 당신에게서 감염되었는지 모른다. 어쩌면 많은 사람이 지금쯤 지옥에서 당신의 나쁜 본보기가 없었던들 절대 거기가 있지 않을 것이라며 울부짖고 있는지도 모른다.

(16) 죄는 파란이 많다.

이것은 고민을 동반한다. 하나님이 여자에게 내리신 저주는 가장 정확하게 모든 죄인에게 내려져, "네가 수고하고 자식을 낳을 것이며"(창 3:16)라는 말씀이 응한다. 사람은 죄를 계획하느라 자기 생각을 괴롭히며, 죄가 잉태되면 슬픔 가운데 출산한다. 수문을 여느라고 무진장 고생을 하는 사람이 수문을 열었을 때 홍수가 그에게로 밀어닥쳐 그를 익사케 하는 것과 같다. 이와 같이 사람은 죄를 궁리하느라 머리를 짜내고, 그런 다음 이것이 그의 양심을 괴롭히고, 자기 재산에 불행을 가져오며, 그 집의 석벽과 목재를 썩히는 것이다(슥 5:4).

(17) 죄는 부조리한 것이다.

원수를 만족시키는 것보다 더 큰 무분별이 어디 있는가? 죄는 사탄을 만족시킨다. 육욕이나 분노가 영혼 속에서 불탈 때 사탄은 그 불을 쬐어 자기 몸을 더럽게 한다. 사람들의 죄는 마귀를 성찬으로 대접한다. 블레셋의 통치자들이 삼손을 놀려주려고 불러냈었다(삿 16:25). 마찬가지로 죄인은 마귀에게 놀림감이 된다. 사람들이 죄짓는 것을 보는 것이 마귀에게는 더할 나위 없는 즐거움이다. 마치 지푸라기를 위해 다이아몬드를 걸거나 또는 금 낚시로 모샘치(낚싯밥용 민물고기)를 낚으려는 듯, 사람들이 세상을 위해 자기들의 영혼을 내거는 것을 보고 마귀는 얼마나 웃어대는가! 모든 악한 자는 심판 날에 바보로 고발당할 것이다.

(18) 모든 죄에는 잔인성이 있다.

당신이 범하는 모든 죄로 당신의 영혼을 찌른다. 당신이 죄에게 친절한 동안 당신 자신에게는 잔인함이, 마치 피가 나오도록 자기 몸을 돌로 상해하던 복음서에 나오는 사람과 같다(막 5:5). 죄인은 자살하려고 칼을 빼어든 간수와 같다(행 16:27). 영혼은 '나는 살인하고 있다' 소 울부짖을지도 모른다. 박물학자들(naturalist)에 의하면 매(hawk)는 물보다 피를 마시고 싶어 한다고 한다. 이와 같이 죄는 영혼의 피를 마시는 것이다.

(19) 죄는 영적인 죽음이다.

"너희의 허물과 죄로 죽었던"(엡 2:1)이라고 하였다. 어거스틴은 회심 전에는 디도(Dido, 주전 10세기 아에네아스를 남편으로 맞이하지 못함을 비관하여 스스로 찔러 죽은 카르타고의 전설적 건국자)의 죽음을 읽고 울음을 참을 수 없었다고 말했다. 그러나 어거스틴은 "비열한 나였구나, 아에네아스에게 버림받은 디도의 죽음을 슬피 울면서 하나님께 버림받는 내 영혼의 죽음을 슬피 울지 못하였다니"라고 말했다. 죄가 사는 것은 영혼의 죽음이다.

죽은 사람은 아무 의식이 없다. 이와 같이 중생하지 못한 사람은 자기 속에 하나님의 의식을 전혀 가지고 있지 않다(엡 4:19). 자기의 구원에 마음 쓰도록 그를 설득시킬 수 있다고 생각하는가? 무슨 목적으로 당신은 죽은 사람에게 연설을 하는가? 악행으로 인해 그를 책망하러 가겠는가? 무슨 목적으로 당신은 죽은 사람을 때리는가?

죽은 사람은 미각이 없다. 그 앞에 진수성찬을 베풀라. 그는 이것을 맛있게 먹지 못한다. 마찬가지로 죄인은 그리스도 안에서 또는 약속 안에서 진미를 맛보지 못한다. 그것들은 죽은 사람의 입

속에 넣어준 강심제 같은 것에 지나지 않는다.

죽은 자는 부패한다. 따라서 만일 마르다가 나사로에 관하여 말하기를 "주여 죽은 지가 나흘이 되었음에 벌써 냄새가 나나이다"(요 11:39)라고 하였거든, 하물며 삼사십년 동안 죄 가운데 죽어 있던 악한 사람에 관하여 우리는 얼마나 더 "지금쯤은 그에게서 냄새가 나나이다"라고 말할 수 있겠는가!

(20) 회개 없는 죄는 최후의 지옥 파멸로 향해 있다.

장미가 자생한 암종병으로 시드는 것처럼 사람들도 그들의 영혼 속에 자생하는 부패로 인해 시든다. 트로이의 목마에 대해 옛적 그리스인들에게 전해진 이야기는, 이 기계는 너의 도시의 멸망이 되라고 만든 것이라 하였는데, 똑같은 말이 모든 회개치 않는 사람에게 "이 죄의 기계가 당신의 영혼의 멸망이 될 것이다"라고 해도 될 것이다. 죄의 최후 장면은 언제나 비극적이다. 디아고라스 훌로렌티누스는 장난으로 독을 마시곤 하였는데, 그는 결국 그 독으로 인해 생명을 잃게 되었다. 사람들은 환락 가운데 죄의 독을 마시는데, 이것이 그들의 영혼을 잃게 하기에 "죄의 삯은 사망이요"(롬 6:23)라고 하였다. 솔로몬이 포도주에 대해서 말한 것 또한 죄에 적용할 수 있다. 즉 이것은 처음에 "붉고 잔에서 번쩍이며…이것이 마침내 뱀같이 물 것이요 독사같이 쏠 것이며"(잠 23:31-32)라고 하였다. 그리스도께서는 우리에게 구더기와 지옥불에 대해 말씀하신다(막 9:48). 죄는 기름과 같고 하나님의 진노는 불과 같다. 지옥 정

죄를 받은 자가 계속 죄를 짓는 동안 불도 계속 태울 것이다. 그래서 "우리 중에 누가 영영히 타는 것과 함께 거하리요"(사 33:14)라고 하였다. 그러나 사람들은 이것의 진리를 의문시하고 불경건한 데 보낙스와 같이 된다. 그는 그의 극악한 소행으로 인해 지옥에 갈 것이라는 위협을 받았을 때 이것을 조롱하여 말하기를 "나는 지옥에 갈 때 지옥이 있음을 믿을 것이며 그 이전에는 안 믿을 것이다"라고 하였다. 우리는 사람들이 지옥에 들어가기 전까지는 지옥을 그들 속에 들어가게 할 수 없다.

이렇게 우리는 심각하게 숙고함으로써 우리로 회개하고 하나님께로 돌이키게 할 수 있을, 죄 속에 들어 있는 치명적인 악을 살펴보았다. 만일 이 모든 것에도 불구하고 사람들이 죄짓기를 끝까지 고집하고 지옥으로의 항해를 굳게 결심한다면 누가 이를 도울 수 있겠는가? 그들은 죄가 얼마나 영혼을 파멸시키는 암초인가 배워 온 터이지만, 만일 그들이 자진해서 이 암초에 좌초하여 스스로를 부서뜨린다면 그들의 피는 그들의 머리로 돌아갈 것이다.

2. 하나님의 긍휼을 깊이 생각해 보라.

돌이 부드러운 받침 위에서 너무나 쉽사리 깨어지고, 돌 같은 마음이 부드러운 하나님의 긍휼의 받침 위에서 너무나 쉽사리 깨어진다. "혹 네가 하나님의 인자하심이 너를 인도하여 회개케 하심을"(롬 2:4)이라고 하였다. 군주의 관대함이 흉악범의 마음을 누그러뜨린다. 하나님이 다른 사람들에게는 그의 심판으로 몰아치는 동안 줄곧 당신에게는 그의 긍휼로 구애해 오셨다.

(1) 그 어떤 개인적인 긍휼을 입고 있었던가?

그 어떤 피해가 예방되어 왔으며, 그 어떤 두려움들이 무사히 지나갔던가? 우리의 발이 미끄러져 넘어지고 있을 때 하나님의 긍휼이 우리를 떠받쳐 주었다(시 94:18). 긍휼은 언제나 우리와 위험 사이에 차폐물이 되어주었다. 원수들이 사자같이 우리를 삼키려 덤벼들었을 때 값없는 은혜가 우리를 이들 사자들의 입에서 구출해 내었다. 아무리 깊은 파도 속에서도 긍휼의 팔이 밑에서 받쳐주어 우리의 머리를 물 위에 지탱해 주었다. 그런데 이 개인적인 긍휼이 우리를 회개에 이르게 하지 않겠는가?

(2) 그 어떤 무조건적인 긍휼을 받아왔던가!

첫째로는 공급해 주시는 긍휼에서다. 하나님은 아낌없으신 시혜자이셨기에, "나의 남으로부터 지금까지 나를 기르신 하나님"(창 48:15)이라고 하였다. 그 어떤 사람이 자기의 원수에게 식탁을 베풀겠는가? 우리는 원수들이었건만 그럼에도 하나님은 우리를 먹이신 것이다. 그는 우리에게 기름 뿔을 주셨고, 그는 우리에게 긍휼의 벌집에서 꿀을 떨어뜨려 주셨다. 하나님은 마치 우리가 그의 가장 착한 종들인 양 친절히 우리에게 대해 주셨다. 그러니 이렇게 공급해 주시는 긍휼이 우리를 회개에 이르게 하지 않겠는가? 둘째로는 구출해 주시는 긍휼에서다. 우리가 죽음의 문턱에 가까웠을 때 하나님은 기적적으로 우리의 생명을 연장시켜 주셨다. 그는 죽음의 그림자를 아침으로 바꾸어 주셨으며 해방의 노래를 우리 입에 넣어주셨다. 그러니 구출해 주시는 긍휼이 우리를 회개에 이르게 하지 않겠는가? 주님은 그의 긍휼로써 우리 마음을 깨뜨리시려고 애쓰셨다. 사사기 2장을 읽어보면 사자(선지자)가 긍휼의 설교를 했을 때 "백성이 소리를 높여 운지라"(4절)고 하였다. 만일 무엇인가 감동시켜 눈물을 흘리게 하는 것이 있다면 그것은 하나님의 긍휼일 것이다. 이 위대한 하나님의 긍휼의 밧줄이 회개하도록 끌어내지 못할 자는 실로 완고한 죄인이다.

3. 하나님의 고난의 섭리를 깊이 생각하라.

우리의 증류기 밑에 불을 갖다댈 때 혹 물방울을 떨어뜨리지 않을는지 살펴보라. 하나님은 근년에 우리를 십자가의 학교로 보내셨다. 그는 그의 심판을 함께 엮어 짜셨다. 그는 저 두 가지 위협의 말씀을 이행하셨다. 하나는 "그러므로 내가 에브라임에는 좀 같으며"(호 5:12)라고 하였으니, 잉글랜드에 무역의 쇠퇴를 가져오지 않으셨던가? 또 하나는 "내가 에브라임에는 사자 같고"(호 5:14)라고 하였으니, 잉글랜드에 멸망시키는 역병(1665년의 역병)을 가져오지 않으셨던가? 그동안 줄곧 하나님은 우리의 회개를 기다리셨다. 그러나 우리는 계속 죄 가운데 행하였으니, "내가 귀를 기울여 들은즉 그들이 정직을 말하지 아니하며 그 악을 뉘우쳐 나의 행한 것이 무엇인고 말하는 자가 없고"(렘 8:6)라고 하였다. 그리고 최근 하나님은 이 도시의 저 엄청난 불길(1666년 런던 대화재) 속에서 불의 막대기로 우리를 채찍질하셨다. 이 화재는 "체질이 뜨거운 불에 풀어지고"(벧후 3:10)라고 한 마지막 날의 그 큰 불을 상징했던 것이다. 요압의 밭에 불이 났을 때 그는 압살롬에게로 달려갔다(삼하 14:31). 하나님은 우리가 회개하여 그에게로 달려가게 하기 위해 우리들의 집에 불을 놓으셨던 것이다. "여호와께서 성읍을 향하여 외쳐 부르시나니…너희는 매를 순히 받고 그것을 정하신 자를 순종할지니라"(미 6:9)고 하였다. 이것은 징계의 말씀이며, 이는 우리가 하나님의 막강한 손 아래 우리 자신을 낮추어 "공의를 행함으로 죄를 속하고"(단 4:27)라고 이르신 말씀이다. 므낫세의 고난은 회개를 불러들였다(대하 33:12). 하나님은 고난을 안전을 위한 적당한 약으로 사용하신다. "저희의 어미는 행음하였고"(호 2:5)라고 하였는데 이는 우상을 숭배한 것을 말한다. 하나님은 이제 이런 여자에게 무슨 행동을 취하실 것인가? "그러므로 내가 가시로 그 길을 막으며"(호 2:6)라고 하였다. 길에 고생의 가시 울타리를 치는 것, 이것이 하나님의 방법이다. 이렇게 하여 교만한 사람에게는 멸시가 가시이며, 호색한에게는 질병이 가시이니, 이는 죄짓지 못하게 막기도 하고 더욱 회개하도록 촉진도 시키려는 것이다.

주님은 기드온이 숙곳 사람들을 가르친 것처럼 그의 백성을 가르치신다. "그 성읍 장로들을 잡고 들가시와 찔레로 숙곳 사람들을 징벌하고"(삿 8:16)라고 하였는데, 여기에 괴로움의 수사학이 있었던 것이다. 마찬가지로 하나님은 최근에 따끔한 섭리로 우리에게 겸손을 가르쳐 주셨던 것이다. 그는 우리에게서 황금 양털을 뜯어내셨으며, 우리의 마음을 낮추시기 위해 우리의 집을 몰락하게 하셨다. 이때가 아니면 언제 하염없는 눈물에 젖겠는가? 하나님의 심판은 회개를 이루기에 너무나 적당한 수단이다. 주님도 이것을 신통하게 여기시며, 그가 호소해도 사람들이 죄를 끊어버리지 않음을 불만으로 여기신다. 즉 "내가 너희에게 비를 멈추어"(암 4:7)라고 하였고, "내가 풍재와 깜부기 재앙으로 너희를 쳤으며"(암 4:9)라고 하였고, 또 "내가 너희 중에 염병이 임하게 하기를"(암 4:10)이라고 하였지만, "그래도 너희가 내게로 돌아오지 아니하였느니라"고 하였으니 여전히 이것은 불만의 짐이 되어 있는 것이다.

주님은 그의 심판을 점진적으로 진행시키신다. 첫째로 그는 더 작은 십자가를 보내시고 그것이 먹혀들지 않으면, 그 다음에는 더 큰 십자가를 보내신다. 그는 어떤 사람에게는 우선 순한 오한의 발작을 보내시고, 그 후에는 격렬한 열병을 보내신다. 그는 또 어떤 사람에게는 해상에서의 손해를, 그 다음에는 자녀 잃음을, 그 다음에는 남편 사별을 당하게 하신다. 이렇게 단계적으로 하나님은 사람들을 회개에 이르게 하시는 것이다.

때로 하나님은 가정에서 가정으로 순회 심판을 내리신다. 고난의 잔이 온 민족을 일주하였으며, 모든 사람들이 이것을 맛보았다. 그런데도 회개하지 않는다면 우리는 하나님을 멸시하는 자리에 있고, 따라서 암암리에 하나님께 최악의 조치를 취하시라고 통보하는 셈이 된다. 그러한 최고조에 달한 죄악은 거의 용서받지 못할 것이다. "그 날에 주 만군의 여호와께서 명하사 통곡하며 애호하며 머리털을 뜯으며 굵은 베를 띠라 하셨거늘 너희가 기뻐하며 즐거워하여…만군의 여호와께서 친히 내 귀에 들려 가라사대 진실로 이 죄악은 너희 죽기까지 속하지 못하리라 하셨느니라"(사 22:12-14)고 하였다. 말하자면 이 죄는 희생 제사로는 속죄함을 받지 못할 것이라는 말이다.

로마인들이 국가적인 재앙의 때 창문 안에서 장미꽃 화관을 머리에 쓰고 놀다 들킨 한 젊은이를 가혹하게 처벌하였거든, 하물며 죄악 가운데 스스로 강해져서 하나님의 심판 앞에서도 우습게 생각하는 자들은 얼마나 더 쓰라린 형벌을 받아 마땅하겠는가! 이교도 뱃사람들도 폭풍 가운데서 회개하였다(욘 1:14). 지금 회개하여 우리 죄를 배 밖 물 속에 던져버리지 않는 것은 이교도들보다 더 악한 것이다.

4. 만일 우리가 회개하지 않는다면 마침내 얼마나 많은 것을 책임지게 될지 생각해 보라.

얼마나 많은 기도, 충고 그리고 훈계가 채점표에 산정될지 깊이 생각하자. 모든 설교가 고발장으로 쓰이게 될 것이다. 참 회개를 한 자들에 관해서는 그리스도께서 대신 답변해 주실 것이다. 그의 피가 그들의 죄를 씻어버릴 것이며, 값없는 은혜의 두루마기가 그들을 덮어줄 것이다. "나 여호와가 말하노라 그날 그 때에는 이스라엘의 죄악을 찾을지라도 없겠고 유다의 죄를 찾을지라도 발견치 못하리니"(렘 50:20)라고 하였다. 양심의 하급법원에서 스스로를 재판한 사람들은 하늘나라의 최고법원에서 무죄방면을 받을 것이다. 그러나 만일 우리가 회개하지 않는다면 우리의 죄는 마지막 날에 모두 보고되어야 할 것이며, 우리는 직접 그것들에 대한 벌을 받아야 하는데, 우리를 위해 탄원할 아무 변호인단도 허용되지 않을 것이다.

아아, 회개할 줄 모르는 죄인이여! 이제 당신은 어떻게 당신의 재판관의 얼굴을 마주 볼 수 있을지 스스로 생각하라. 당신은 변론할 지옥 정죄의 소송에 걸려 있으며 당신은 틀림없이 심판 법정에서 유죄선고를 받을 것이니, "그리하였으면 하나님의 일어나실 때에는 내가 어떻게 하겠느냐"(욥 31:14)라고 하였다. 그러므로 지금 회개하든가, 그렇지 않으면 답변할 말을 준비해 가지고 하나님의 심판대 앞에 갈 때 당신을 위해 무슨 변호를 할 수 있을지 상상해 보라. 과연 하나님이 일어서실 때 당신은 어떻게 대답할 것인가?

12

회개를 위한 방법적 처방 II
: 참회하는 상태와 참회하지 않는 상태 비교

회개에 이르는 두 번째 도움은 사려 깊은 비교이다. 참회하는 상태와 참회하지 않는 상태를 같이 비교하고 그 차이를 살펴보라. 당신 눈앞에 그것들을 펴놓고 말씀의 빛에 비추어 참회하지 않는 상태가 가장 비참하고 참회하는 상태가 가장 안락한 줄 알라. 자기 아버지에게 돌아가기 전에 탕자는 얼마나 슬펐었던가! 그는 모든 것을 탕진하였고, 스스로 죄지은 결과 거지 신세가 되었으며, 남은 것이라곤 쥐엄 열매 몇 개밖에 없었다. 그는 돼지와 같은 신세였지만 그가 고향으로 그의 아버지를 찾아왔을 때 그에게 과분하다 여겨지는 것은 아무것도 없었다. 겉옷을 가져다가 그를 가려주었으며, 반지를 가져다가 그를 치장해 주었으며, 살진 송아지를 가져다가 잔치를 베풀어 주었다. 만일 죄인이 참회치 않는 고집을 계속 부린다면 그리스도와 궁휼은 작별이다. 그러나 만일 그가 회개한다면 당장 그는 자기 속에 하늘나라를 소유하게 될 것이다. 그러면 그리스도는 그의 것이고 모든 것이 평화이다. 그는 자기 영혼에게

평강을 노래하며 말하기를 "영혼아 여러 해 쓸 물건을 많이 쌓아 두었으니 평안히 쉬고"라고 할 수 있다. 우리가 하나님께로 돌이키는 즉시 일찍이 아담 안에서 잃어버렸던 것보다 더 많은 것을 그리스도 안에서 되돌려 받게 된다. 하나님은 회개하는 영혼에게 "나는 너에게 의의 겉옷을 입히리라. 나는 너를 보석과 나의 성령의 은혜로 부요하게 하리라. 나는 너에게 나의 사랑을 베풀어 주고, 나는 너에게 왕국을 주리라"고 말씀하신다. "아들아 내 것이 다 네 것이라"고 하신다. 아아, 나의 친구들이여! 다만 회개 전과 회개 후의 당신의 처지를 같이 비교해 보라. 당신이 회개하기 전에는 구름과 폭풍밖에는 아무것도 볼 수 없으니, 하나님의 얼굴에는 구름이요 양심에는 폭풍이다. 그러나 회개한 후에는 날씨가 어떻게 바뀌는가! 위에는 얼마나 빛나는 햇빛이! 안에는 얼마나 잔잔한 평온이! 그리스도인의 영혼은 올림포스 언덕과 같아 모든 것이 밝고 맑고 바람 한 점 불어오지 않는 것이다.

회개에 도움이 되는 세 번째 수단은 죄를 떠나려는 확고한 결심이다. 약한 마음의 불완전한 의욕이 아니라 결심 있는 서원이다. "주의 의로운 규례를 지키기로 맹세하고 굳게 정하였나이다"라고 하였다. 죄의 모든 즐거움과 농간들도 나를 거짓 맹세시키지는 못할 것이다. 내가 내 죄를 떠나는 것이 제일 좋을까 아닐까 망설임도, 혈육과 의논함도 없어야 한다. 오직 에브라임처럼 "내가 다시 우상과 무슨 상관이 있으리요"라고 해야 한다. 나는 더 이상 죄에게 사취당하지 아니하리라. 더 이상 사탄에게 바보 취급당하지 아니하리라. 나는 오늘 당장 나의 육욕의 손에 이혼증서를 쥐어 주리라. 우리가 이런 단호한 결심에 도달하기 전까지는 죄가 우리를 잠식할 것이며 우리는 결코 이 독사를 떨어버리지 못할 것이다. 죄의 원수가 되기로 결심하지 않은 자가 죄에게 정복당한다는 것은 놀랄 일이 아니다.

그러나 이런 결심도 우리 자신의 힘보다는 그리스도의 능력 위에 구축되어야 한다. 이는 겸손한 결심이어야 한다. 다윗이 골리앗을 향하여 나갈 때 자기의 갑옷은 물론 자기의 주제넘은 자신감마저 벗어버리고 "나는 만군의 여호와의 이름 곧 네가 모욕하는 이스라엘 군대의 하나님의 이름으로 네게 가노라"고 했던 것처럼, 우리도 그리스도의 능력으로 육욕의 골리앗에 대항하여 나아가야 한다. 사람이 다른 사람과 결속하여 합류하는 것은 흔히 있는 일이다. 이와 같이 죄를 떠나기 어려운 우리 자신의 무능을 의식하는 한편 우리는 그리스도께서 우리와 연합하시게 하고 부패를 억제하기 위해 그의 능력을 빌자.

회개에 이바지할 네 번째 수단은 열심히 간구하는 것이다. 이교도들은 한 손은 쟁기를 그러쥐고 또 한 손은 곡식의 여신 케레스를 향해 들어올렸다. 이와 같이 우리도 방법을 다 사용하고 나서 축복을 위해 하나님을 우러러보자. 회개하는 마음을 위해서 그에게 "주여, 나에게 회개하라 명하시오니, 나에게 회개할 은혜를 주소서"라고 기도하라. 우리의 마음이 눈물을 방울방울 떨어뜨리는 거룩한 증류기가 되도록 기도하라. 그리스도께서 베드로에게 보이셨던 그런 사랑의 표정을 우리에게 보여주시기를 그리스도께 빌라. 그 사랑의 표정이 베드로로 하여금 밖으로 나가 심히 통곡하게 하였다. 하나님의 성령의 도우심을 간청하라. 물을 쏟아져 나오게 하는 것은 우리 마음의 바위를 성령이 치실 때이다. 즉 "그 말씀을 보내사 그것들을 녹이시고 바람을 불게 하신즉 물이 흐르게 하는도다"라고 하였다. 하나님의 성령의 바람이 불 때, 그때 눈물의 물이 흐를 것이다.

회개를 위해 우리가 하나님께 기도해야 할 충분한 이유가 있다.

먼저, 이것은 그의 선물이기 때문이다. "하나님께서 이방인에게도 생명 얻는 회개를 주셨도다"라고 하였다. 아르미니우스주의자들은 회개하는 것이 우리의 능력에 달렸다고 믿는다. 우리는 우리 마음을 완강하게는 할 수 있어도 부드럽게는 할 수 없다. 이런 자유의지의 왕관은 우리 머리에서 떨어져버렸다. 아니, 우리 속에는 무능력 뿐만 아니라 완고함도 있는 것이다. 그러므로 하나님께 회개하는 영을 빌라. 그는 돌 같은 마음도 피 흘리게 하실 수 있다. 그의 말씀은 창조적인 권능의 말씀이다.

또한 우리가 축복을 위해 하나님께 의지해야 하는 것은 그가 축복을 내려주시기로 약속하셨기 때문이다. "굳은 마음을 제하고 부드러운 마음을 줄 것이며"라고 하였다. 나는 너의 단단한 마음을 내 아들의 피로써 부드럽게 하리라. 하나님께 그의 진의와 보증을 보여드리라. 그리고 또 다른 은혜로운 약속이 있는데, "그들로 전심으로 내게 돌아오게 하리니"라고 하신 것이다. 이 약속을 기도로 전환시켜, "주여, 내 전심으로 주께 돌아갈 은혜를 나에게 주옵소서"라고 하라.

회개에 도움이 되는 다섯 번째 수단은 더 명확히 하나님을 발견하기 위해 진력하는 것이다. "이제는 눈으로 주를 뵈옵나이다 그러므로 내가 스스로 한하고 티끌과 재 가운데서 회개하나이다"(욥 42:5-6)라고 하였다. 욥은 하나님의 영광과 순결을 뵈옵고 나서 겸손한 참회자처럼 자기 자신을 혐오하였고, 히브리어에 나와 있는 대로 질책하기까지 하였다. 하나님의 거룩하심의 투명한 거울 속을 들여다봄으로써 우리는 우리 자신의 결함을 보게 되고 따라서 이에 대해 슬피 울 줄 알게 되는 것이다.

마지막으로 우리는 믿음을 위해 노력해야 한다. 그러나 그것이 회개와 무슨 관계가 있는가? 그렇다. 믿음은 그리스도와의 연합을 낳으며, 그리스도와의 연합이 있기 전까지는 죄에서의 분리가 전혀 있을 수 없다. 믿음의 눈은 긍휼을 바라보게 되고 그것이 마음을 누그러뜨린다. 믿음은 우리를 그리스도의 피에게 데려가고, 그 피가 진정시킨 믿음은 하나님의 사랑을 확신시켜 주고, 그 사랑이 우리를 눈물 흘리게 만든다.

지금까지 회개를 위한 방법 또는 도움말을 진술하였다. 우리가 이 일에 착수한다는 것 외에 지금 무슨 일이 남아 있으랴! 그러므로 이제 열심을 내자! 검객으로서가 아니라 용사로서!

"울며 씨를 뿌리러 나가는 자는 정녕 기쁨으로 그 단을 가지고 돌아오리로다"(시 126:6).

회개

Repentance

1991년 11월 20일 초판 발행
2012년 5월 30일 초판 6쇄 발행

지은이   토마스 왓슨
옮긴이   이 기 양

펴낸곳 사)기독교문서선교회
등록 제16~25호(1980. 1. 18)
주소 서울시 서초구 방배동 983-2
전화 02)586-8761~3(본사) 031)923-8762~3(영업부)
팩스 02)523-0131(본사) 031)923-8761(영업부)
홈페이지 www.clcbook.com
이메일 clckor@gmail.com
온라인 국민은행 043-01-0379-646, 기업은행 073-000308-04-020
          예금주: 사)기독교문서선교회

ISBN 978-89-341-0381-3 (03230)

* 낙장·파본은 교환해 드립니다.